BUENOS AIRES

Seu Guia Passo a Passo

Bem-vindo ao melhor de Buenos Aires!
Este é o único guia que também é mapa, para você aproveitar a cidade ao máximo, passo a passo. Na próxima página, você encontra um mapa geral que permite visualizar as seis grandes áreas em destaque, onde se concentram as mais importantes atrações turísticas.

Uma maneira surpreendente de conhecer a cidade
Em cada área (**A**, **B**, **C**, **D**, **E** e **F**), identificada pela cor do mapa, você encontra uma seleção dos melhores restaurantes, cafés, bares, lojas e locais de entretenimento com endereço, horário e faixa de preço. Ao desdobrar a página, uma surpresa: explore a área utilizando o mapa que mostra e descreve as principais atrações, indicadas com uma estrela (★).

Transporte e hospedagem
No final do guia, você encontra o mapa detalhado das linhas de transporte da cidade e uma seleção de acomodações classificadas por preço.

Direto ao ponto
Um índice temático lista todos os serviços e atrações deste guia, apresentados por categoria e em ordem alfabética.

Seu guia em outras cidades
Conheça também, desta mesma série: Amsterdã, Atenas, Bancoc, Berlim, Boston, Budapeste, Chicago, Copenhague, Havaí, Hong Kong, Istambul, Lisboa, Londres, Madri, Miami, Moscou, Nova York, Oslo, Paris, Pequim, Rio de Janeiro, Roma, Tóquio, Viena e Vinhedos e Vinhos da França

O "LUNFARDO"

A gíria portenha, que enfeita com suas expressões figurativas as estrofes de velhos tangos, continua bem viva hoje. Integrando palavras genovesas ou lombardas, mas também inglesas ou africanas, livremente "espanholizadas", ela dá aos portenhos um vocabulário extremamente rico.
Mina: garota, mulher
Pibe: criança
Laburo: trabalho
Guita: dinheiro
Quilombo: bagunça
"Sos un Gardel": "Você é um gênio" (você é um Gardel)

PLAZA LAVALLE

Novembro
Open da Argentina
O maior torneio de polo do mundo
Dezembro
Festival de Danza Contemporánea
→ *Anos pares www.buenosairesdanza.com.ar*
Festival muito renomado de dança contemporânea.

ORÇAMENTO

Hospedagem
Uma cama em um albergue da juventude: AR$24-32. Quarto duplo com café-da-manhã: a partir de AR$80 (pousada), AR$180 (hotel básico). Nos hotéis de luxo, preços semelhantes aos dos internacionais.
Restaurantes
Almoço: menus econômicos a partir de AR$16-20. Refeição mais elaborada à noite: AR$40-80.
Saídas
Um café: AR$4; uma cerveja (chope): AR$6. Entrada em boate: AR$12-20 após 2h30 (descontos antes de 2h30)
Visitas, museus
Ingresso: AR$2-16
Estudantes
Poucos descontos.

PARA SE LOCALIZAR

Com amplas avenidas e ruas em ângulo reto, a cidade não apresenta problemas de orientação. Indique aos taxistas a rua, o endereço e, se possível, a altura: *"calle Perú, entre Chile e Mexico"*.
Calle: rua
Cuadra: quarteirão
A dos cuadras: a dois quarteirões daqui
Cerca, lejos: perto, longe

HORÁRIOS

Restaurantes
→ *Em geral, diariam 12h-15h30, 20h-24h*
Os portenhos almoçam por volta das 13h durante a semana, mas raramente saem para jantar antes das 21h e mesmo das 22h nos fins de semana. Muitos restaurantes ficam abertos até 2h, ou 24h.
Bancos
→ *Seg-sex 10h-15h*
Repartições públicas
→ *Seg-sex 9h-14h*
Lojas
→ *Seg-sex 10h-20h (shopping centers 22h), sáb 10h-14h ou 15h*
As grandes lojas e algumas butiques também abrem aos dom à tarde.
Museus e visitas
→ *Variam muito de um lugar para outro, a maioria fecha um dia por semana.*

PARA COMER

Hábitos
Café-da-manhã leve, café e pães (*facturas*) ou torradas. Durante a semana ao

ARQUITETURA

Colonial
Muito pouco presente em uma cidade amplamente reformada no século 19. Restam algumas obras-primas do barroco religioso.
Basílica Nuestra Señora del Pilar (**D** B2)
Neoclássica (fim séc. 19-início 20)
Reflexo da potência econômica do país, esse estilo pomposo, inspirado na arquitetura francesa de Haussmann, é o que mais se vê nos bairros elegantes.
Palacio Paz (**D** E3), **Ambassade de France** (**D** D3), **Museo de Arte decorativo** (**E** F4)
Art Nouveau (início do século 20)
Volutas nas fachadas, cúpulas aéreas, aberturas entalhadas.
Av. de Mayo (**A** B2), **Plaza del Congreso** (**C** E3), **Las Violetas** (**C** A3)
Neocolonial (anos 1920)
A herança colonial espanhola adaptada ao gosto do início do século 20.
Museo de Arte Hispanoamericano (**D** D3), **Museo Casa Yrurtia** (**F** A1)
Racionalista (anos 1930-1940)
Uma arquitetura depurada e geométrica.
Edificio Kavanagh (**D** E3), **Edificio del ACA** (**D** A2)
Contemporânea
Edifícios muito modernos espalhados por toda a cidade, principalmente em Puerto Madero (**A** D3).

Perfil da cidade

- capital da Argentina
- habitantes: 3 milhões (*portenhos*); 11 milhões com os subúrbios
- R$1,00 = AR$1,80
- temperaturas médias: jan 28 °C, jul 10 °C

Datas principais

11 jun 1580 Refundação por Pedro de Mendoza
1810 Revolução de Maio
1816 Independência
1871 Epidemias em San Telmo
1880 Torna-se capital da República Argentina
1880-1940 Imigração vinda da Europa, sobretudo italiana e espanhola

OS BAIRROS – "BARRIOS" – DO CENTRO

Internet

→ *www.bue.gov.ar*
Ótimo site do departamento de turismo da cidade.
→ *www.mibsasquerido.com.ar*
→ *www.easybuenosairescity.com*
Sites bastante completos, em inglês e espanhol.

Acesso à Internet
Há diversos centros de internet na Calle Florida (**A** B2). Acesso também nos hotéis e pousadas, wi-fi frequente em hotéis e cafés.
Netpark (**A** C3)
→ *Perú, 972 Seg-sex 9h-2h, sáb-dom 11h-2h*
O melhor cybercafé de San Telmo.

Informações turísticas

Subsecretaria de Turismo (Puerto Madero)
→ *Alicia M. de Justo, 200 Tel 43 11 05 28 Diariam 11h-18h*
Mapas, informações sobre hospedagem, vida cultural e pontos de interesse. Muitos anexos em vários bairros do centro, com horários mais reduzidos.

Telefone

Códigos
Brasil-Buenos Aires
→ *00 + operadora + 54 (Argentina) + 11 (Buenos Aires) + número*
Buenos Aires-Brasil
→ *00 33 + número sem o zero inicial*
Em Buenos Aires
→ *N° de tel (sem código)*

Números úteis
Emergências médicas
→ *Tel 107 (ligação gratuita)*
Polícia (linha turística)
→ *Tel 0800 999 5000*

"Locutorios"
Centrais telefônicas no centro, mais econômico. É possível comprar cartões de "ligação internacional", mais vantajosos.

Celulares
Informe-se na operadora de seu celular sobre as condições de uso do aparelho no exterior e as tarifas. Possibilidade de comprar um chip (cartão SIM) local com crédito para ligações, nas lojas especializadas.

Calendário

Feriados
→ *1º jan; Sexta-feira Santa (Páscoa); 2 abr; 1º mai; 25 mai; 3ª seg de jun; 9 jul (feriado nacional); 3ª seg ago; 12 out (às vezes cai na seg ou sex mais próxima); 8 dez; 25 dez.*
A maioria dos endereços turísticos fica aberta, com exceção de alguns museus.

Abril
Festival Internacional de Cine Independiente
→ *www.bafici.gov.ar*
Festival de cinema independente.

Maio
Buenos Aires Jazz
→ *O mês todo*
Shows dos melhores grupos argentinos e estrangeiros.

Julho-agosto
Sociedad Rural
→ *Fim jul-início ago*
Grande feira agrícola realizada há mais de um século.

Setembro
Festival Internacional de Buenos Aires
→ *Anos ímpares www.festivaldeteatroba.gov.ar*
Maravilhoso festival de teatro e artes cênicas.
Festival Marta Argerich
→ *www.musicargerich.org*
Diversos concertos de música clássica.

Outubro
Festival de Guitarras
→ *www.festivaldeguitarras.com.ar*
Em concerto, os virtuoses das seis cordas.

Bem-vindo a Buenos Aires!

A Microcentro
B San Telmo / La Boca
C Congresso
D Retiro / Recoleta
E Palermo
F Palermo Viejo / Belgrano

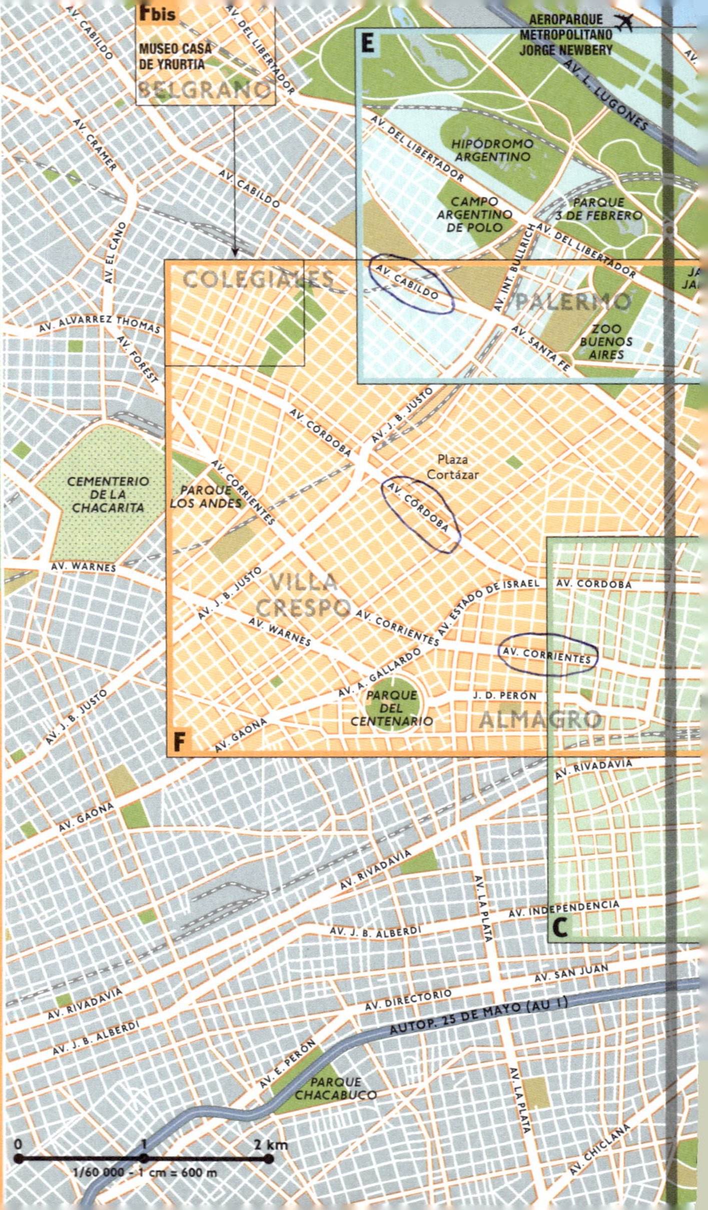

RÍO DE LA PLATA
PUNTA CARRASCO
AV. COSTANERA R. OBLIGADO
AUTOP. U. ILLIA
AV. PTE. R. S. CASTILLO
DÁRSENA F
DÁRSENA E
DÁRSENA D
DÁRSENA C
D
JARDIN JAPONÉS
AV. DEL LIBERTADOR
MUSEO NACIONAL DE BELLAS ARTES
Plaza Francia
LA ISLA
AV. PUEYRREDÓN
CEMENTERIO DE LA RECOLETA
AV. CALLAO
MUSEO DE ARTE HISPANOAMERICANO FERNÁNDEZ BLANCO
AV. COMODORO PY
AV. ANTÁRTIDA ARGENTINA
RECOLETA
AV. SANTA FE
RETIRO
Plaza San Martín
ANTEPUERTO
DÁRSENA NORTE
A
AV. 9 DE JULIO
AV. L. N. ALEM
AV. CÓRDOBA
Plaza Grl. Lavalle
RESERVA ECOLÓGICA COSTANERA SUR
PALACIO DE AGUAS CORRIENTES
TEATRO COLÓN
MICROCENTRO
CORREO CENTRAL
AV. A. MOREAU DE JUSTO
AV. CORRIENTES
LAGUNA DE LAS GAVIOTAS
BALVANERA
SAN NICOLÁS
Plaza de Mayo
PUERTO MADERO
LAGUNA DE LOS COIPOS
AV. DE MAYO
AV. RIVADAVIA
Plaza del Congreso
CONGRESO
MANZANA DE LAS LUCES
LAGUNA DE LOS PATOS
MONSERRAT
AV. JUJUY
AV. ENTRE RÍOS
SAN TELMO
AV. PASEO COLÓN
AV. INDEPENDENCIA
AV. ING. HUERGO
SAN CRISTÓBAL
AV. SAN JUAN
AUTOP. 25 DE MAYO (AU 1)
IGLESIA ORTODOXA RUSA
DÁRSENA SUR
AV. J. DE GARAY
MUSEO HISTÓRICO NACIONAL
AV. ALMTE. BROWN
AUTOP. D. ROCHA
LA BOCA
B
BRANDSEN
MUSEO QUINQUELA MARTIN
PARQUE DE LOS PATRICIOS
COLONIA
RIACHUELO
CAMINITO
Bbis

etáculos
ınde capital cultural,
enos Aires oferece
ante o ano todo con-
tos, peças de teatro,
ws. Diversos cinemas,
bons preços.

servas
www.ticketek.com.ar
v.cartelera-net.com.ar.
rmações e reservas
a os principais eventos
urais e esportivos.

telera Galería Apolo
orrientes, 1388
-sex 10h-22h, sáb 10h-
dom 14h-22h
rmações e reservas pa-
s espetáculos da cida-
a preços reduzidos.

PORTES

ebol
porte nacional, quase
religião. Imperdível:
stir a um *superclásico*
e os dois times rivais
idade, River Plate e
a Juniors.

→ *www.afa.org.ar*
Calendário completo das partidas.
→ *www.tangol.com*
Esta agência acompanha ao estádio, em pequenos grupos.

Polo
A temporada de polo (set-jan) culmina no Open da Argentina em nov.

COMPRAS

No centro
As grandes artérias comerciais Calle Florida (**A** B2) e avenida Santa Fe (**D** B4) têm ótimas ofertas.

Palermo Viejo (**F** C2)
O bairro das compras jovens e modernas, butiques de estilistas.

Feiras
Feiras artesanais – Recoleta (**D** B2), Palermo Viejo (**F** C2), Mataderos – ou mercado-de-pulgas (San Telmo) (**B** C3): imperdíveis.

Shopping centers
O termo também é usado na Argentina para descrever os *malls* à americana: dezenas de lojas, restaurantes, cinemas...

Tax free
Reembolso da TVA, no aeroporto, para todos os artigos comprados em lojas que têm o cartaz "Tax free".

A CIDADE DOS MIL E UM CAFÉS

Lugar de convívio, de cultura e de discussão, o café está no centro do modo de vida portenho. Tanto que a cidade atribuiu o título de "cafés notáveis" aos grandes clássicos do gênero. Mas não existem mais os antigos ambientes enfumaçados: desde 2006 é proibido fumar em todos os locais públicos de Buenos Aires.

PASSEIOS

Mataderos
→ *20 min de táxi Mercado de Liniers: seg-qua, sex 8h Visita com hora marcada Tel 48 78 57 00 (int. 116)*
Dois bons motivos para visitar o antigo bairro dos matadouros (*Mataderos*): o Mercado de Liniers, imensa feira de animais que determina o preço nacional da carne; e a Feria de Mataderos, aos domingos a partir de 11h: um churrasco gigante, dança e música folclóricas, feira artesanal...

San Isidro
→ *30 min de trem (linha Mitre de Retiro)*
O subúrbio mais chique e interessante da Grande Buenos Aires, a 20km ao norte do centro. Sáb e dom, feira de artesanato na grande praça, de onde se pode chegar a pé às margens do Río de la Plata, ou ao hipódromo, bastante animado nesses dias.

Tigre e o Delta
→ *1 h de trem (linha Mitre de Retiro)*
Local de férias na Belle Époque, às margens do delta do rio Paraná. Uma maravilha natural, a se descobrir a bordo dos barcos conduzidos por moradores. Ver também, em Tigre: a feira artesanal de Puerto de Frutos e, ao longo do Río Luján, o Paseo Victorica.

Colonia del Sacramento
→ *50 min a 2 h de barco*
Cidade colonial no Uruguai, à margem do rio, perfeitamente preservada: mágica!

FRAGATA SARMIENTO

CAMINITO

CLUBE DE TANGO

CAFÉ TORTONI

O TANGO

Nascido nas periferias mal-afamadas da cidade, o tango hoje recupera sua popularidade. Modo de usar: *Dos por cuatro*.
Cursos: Particulares ou em grupo, há muitos, sobretudo em San Telmo.
Milongas: Designa ao mesmo tempo os locais e os bailes, precedidos de aulas a preços acessíveis. É lá que vive o espírito do tango.
Cena-shows: Jantares com show de tango, bem turísticos. Bons dançarinos, mas espetáculos ensaiados.
→ *Infs. folheto "Tango Map" e www.tangodata.gov*

meio-dia, a maioria dos restaurantes oferece um ou vários cardápios do dia (*menú del día*) e/ou pratos do dia (*sugerencias*), afixados à parede. Tendência atual para a cozinha fusion (*argentino moderno*), que combina tradições locais (massas e, é claro, carne!) e influências distantes, principalmente asiáticas e mediterrâneas.

Serviço
Não incluído. Costuma-se deixar 10% de gorjeta.

Couvert
Cada vez mais restaurantes cobram pelo couvert e pelo pão.

Estabelecimentos

Parilladas
Um grande clássico argentino são estas churrascarias que servem carnes excelentes por preços muitas vezes econômicos. Os que comem pouco podem pedir *una media porción* (meia porção). A fórmula parillada completa (churrasco à vontade!) geralmente começa com as vísceras (*achuras*)... Orgulho dos argentinos, o bife de chorizo ou o ojo de bife são as partes mais nobres do boi. Peça *bien jugosa* (mal passada) ou *a punto* (no ponto)...

Bodegón
Expressão popular: um restaurante de bairro, bem simples...

Pizzerias
Respeitando a tradição italiana, Buenos Aires possui inúmeras pizzarias. Experimente a *pizza a la piedra* (massa fina e crocante) e a *pizza al paso* (para comer de pé, no balcão).

Restaurantes étnicos e gastronômicos
Há diversas boas mesas, cujos *chefs* muitas vezes se formaram na França. Também estão muito na moda a cozinha peruana e os restaurantes de sushi.

Outras especialidades
Dulce de leche: doce de leite.
Empanadas: tortinhas recheadas de carne ou queijo...
Picadas: tira-gostos
Tamales: feijão, legumes e carne embrulhados em folhas de milho.

VISITAS

Visitas guiadas

Subsecretaria de Turismo
→ *www.bue.gov.ar/recorridos*
Tel 41 14 57 91 Seg-sex 9h-13h
Gratuitas, a pé e/ou de ônibus, organizadas pelo departamento de turismo. Por bairro ou temáticas: nos passos de Gardel, de Borges...

Pedalando
Duas agências propõem locação de bicicleta e passeios guiados de San Telmo a Palermo, passando pela Reserva Ecológica.

La Bicicleta Naranja
→ *Tel 43 62 [illegible]1 04*
www.labicicletanaranja.com.ar

Bike Tours
→ *Tel 43 11 5[illegible] 99*
www.bike-tours.com.ar

VIDA NOTURNA

A noite portenha é bem animada: os bares ficam lotados a partir das 24h e os clubes, após as 2h; mas cada lugar tem sua noite de badalação.

Programa
→ *www.bue.gov.ar/agenda*
Contém a agenda cultural do departamento de turismo. Para saber as notícias da vida musical, teatral, artística e cinematográfica, consulte as páginas de Espetáculos dos jornais *Clarín* e *La Nación*.

CALLE FLORIDA

CENTRO CULTURAL BORGES

★ Plaza de Mayo (A C3)
O coração simbólico de Buenos Aires, no local da antiga Plaza Mayor. Centro de poder, entre a antiga prefeitura e a sede da Presidência, e palco de movimentos populares: revolução de 1810, manifestações operárias de 1945, *cacerolazo* (protestos batendo em panelas) durante a crise de 2001. Sem esquecer o desfile silencioso das Mães da Praça de Maio, toda quinta de manhã desde 1977, em memória dos "desaparecidos" da ditadura.

★ Casa Rosada (A C3)
→ Balcarce, 50
Tel 43 44 38 04
Visitas : seg-sex 11h, 16h; dom 15h, 16h30
A sede da Presidência (1873-1898) substituiu a antiga cidadela. Seu tom rosa simboliza a união dos dois partidos rivais do século 19: o vermelho dos federalistas e o branco dos unitaristas. Para os mais interessados, um museu celebra os presidentes argentinos.

★ Cabildo (A C3)
→ Bolívar, 65 (Plaza de Mayo) Tel 43 34 17 82 Ter-sex 10h30-17h; dom 11h30-18h
A antiga prefeitura de 1725, emblema do passado colonial, amplamente reconstruída no século 20. Transformada em museu, ela lembra o grande acontecimento de que foi palco, a revolução de maio de 1810, ato fundador da independência argentina. No fundo, encantador pátio com paredes pintadas a cal.

★ Catedral Metropolitana (A C3)
→ San Martín, 27 (Plaza de Mayo) Tel 43 31 28 45 Seg-sex 8h-19h; sáb 9h-12h30, 17h-19h30; dom 9h-14h, 16h-19h30
A maior igreja do país, com ares de templo grego. No átrio queima uma chama eterna dedicada ao "Libertador" San Martín (1778-1850), herói da independência, que repousa em uma capela velado por dois soldados uma alegoria da Repúblic
Uma *Virgem* do séc. 18 reina no altar-mor rococó.

★ Manzana de las Luce (A C4)
Visitas (saída de Perú, 272): seg-sex 15h; sáb-dom 15h, 16h30 e 18h
O "Quarteirão de Casas das Luzes", traçado pelos jesuítas no século 17. Um concentrado de saber e poder, que abriga o prestigioso Colegio Nacional, o antigo Parlamento e o Mercado de las Luces, no antigo entreposto destina

PLAZA DE MAYO

CASA ROSADA

CABILDO

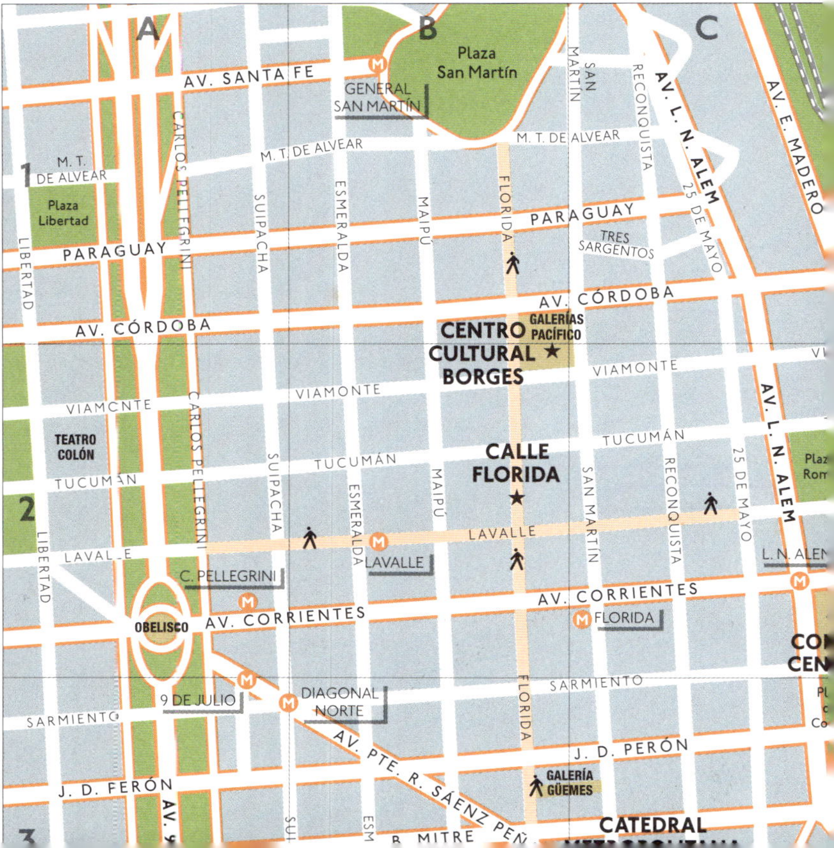

A Microcentro

O centro nevrálgico da cidade mistura com ousadia o antigo e o moderno: de um lado, os locais da fundação e do poder, ao redor da Plaza de Mayo, o passado jesuíta da Manzana de las Luces, o luxo da Belle Époque na Avenida de Mayo e seu Café Tortoni; do outro, a "City", com ruas estreitas e movimentadas, cheias de bancos e sedes de empresas, e a Calle Florida, templo do consumo. A dois passos daqui, Puerto Madero – o paraíso imobiliário recentemente conquistado ao porto – e a imensa reserva ecológica, verdadeira bolha de oxigênio apreciada pelos praticantes de *jogging*.

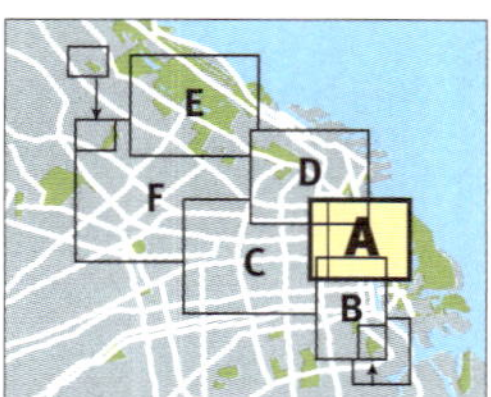

SAN FRANCISCO LA GOTA

RESTAURANTES

San Francisco La Gota (**A** C3)
→ *Defensa, 177*
Tel 43 31 34 63
Seg-sáb 11h-15h30
Uma das melhores surpresas do centro, fora das trilhas batidas. Paredes decrépitas, néons desbotados, mas pratos do dia saborosos por preços imbatíveis: massas, sopas, deliciosos cozidos de carne. Prato AR$10-15.

Platón (**A** B1)
→ *Paraguay, 887*
Tel 43 14 10 67
Seg-sex 8h-17h
Ótimo valor, apreciado pelos empregados da City, que ao meio-dia lotam a sala minúscula de elegância discreta. Pratos do dia leves e deliciosos: massas refogadas com legumes, folhado de berinjela. Prato AR$10-15.

Eat, Coma (**A** C2)
→ *Tucumán, 420*
Tel 43 22 87 82
Seg-sex 8h-17h
Cafeteria de paredes imaculadas e decoração minimalista. Uma boa opção para o café-da-manhã (fórmulas variadas) ou para um almoço rápido: sanduíches, pratos vegetarianos. Prato AR$12-20.

Cosmopolitain (**A** C2)
→ *25 de Mayo, 597*
Tel 48 93 23 32
Seg-sex 8h30-15h30
Dirigido por dois franceses, este bistrô tem charme: salas luminosas, azulejos xadrezes, exposições. Cardápio original, entre sushis, polvo à galega e cordeiro da Patagônia. Combinados AR$20-30.

Tancat (**A** B1)
→ *Paraguay, 645*
Tel 43 12 54 42
Seg-sáb 12h-1h
A Meca dos tira-gostos espanhóis, de *boquerones* (anchovas marinadas) a tortilla. *Platos del día simples*: frutos-do-mar grelhados (*a la plancha*...) e *especiales del día* mais elaborados: risoto de camarão, lagostins... A degustar no balcão ou na sala comprida. Prato AR$12-70.

Casa Roca (**A** C2)
→ *San Martín, 579*
Tel 43 93 57 77
Seg-sex 12h30-15h
Na antiga residência do presidente Roca, um endereço único do gênero, com requinte de outros tempos: garçonetes atenciosas, mármore,

COSMOPOLITAIN

CAFÉ TORTONI

BÁRBARO

TANGO BRUJO

lustres de cristal, porcelana fina... Receitas familiares, preparadas com gosto. Menu AR$50.

CAFÉS

Florida Garden (**A** B1)
→ *Florida, 899*
Tel 43 12 79 02
Diariam 7h-24h
O ponto de encontro dos artistas e intelectuais rebeldes nos anos 1960 – entre eles o dramaturgo Copi. Cobre martelado, madeira quente e concreto aparente, a decoração seduz. O melhor *cortado* (café com conhaque) da cidade.

Confiteria Richmond (**A** B2)
→ *Florida, 468*
Tel 43 22 13 41
Seg-sáb 7h-22h
Toda a classe dos anos 1920, com seus lambris patinados banhados por uma luz suave. O cenário ideal para beber champanhe ou um velho *scotch*, lendo Borges, que frequentava o lugar.

Café Tortoni (**A** B3)
→ *Avenida de Mayo, 825*
Tel 43 42 43 28
Diariam 7h30-2h
O mais antigo café da Argentina, fundado em 1858. Decoração grandiosa, mesas de carvalho e mármore verde, vitrais iluminados e luminárias Tiffany's. Jorge Luis Borges e Carlos Gardel têm estátuas no fundo da sala, onde se pode passar horas admirando o balé bem ensaiado dos atendentes.

La Puertorico (**A** C4)
→ *Alsina, 416*
Tel 43 31 41 78 Seg-qui 6h-20h; sex-sáb 6h-3h
Sob antigos cartazes de tango e flamenco, o tempo caminha lento num dos mais antigos cafés da cidade, aberto em 1887 no *barrio* de Montserrat. Um endereço 100% portenho, para saborear os cafés torrados no local.

BARES

Downtown Matías (**A** C2)
→ *Reconquista, 701*
Tel 43 11 03 27 Seg-sex 8h-tarde; sáb-dom 21h-tarde
Um autêntico pub inglês, endereço obrigatório na City quando chega a *happy hour*. Shows em certas noites e telão para os jogos de futebol. Grande opção de chopes e uísques.

Bárbaro (**A** C1)
→ *Tres Sargentos, 415*
Tel 43 11 68 56
Seg-sáb 8h-3h
Aberto em 1969 pelo pintor Luis Felipe Noe, este maravilhoso bar de bairro foi totalmente decorado pelo artista e seus amigos: afrescos até o teto, vitrais de Jorge de La Vega...

COMPRAS

Galerías Pacífico (**A** B1)
→ *Florida, 737*
Tel 55 55 51 10 Seg-sáb 10h-21h; dom 12h-21h
Um centro comercial que abriga marcas de luxo – cosméticos, moda etc. –, em uma galeria do fim do séc. 19, inspirada no Bon Marché parisiense. Admire os afrescos que adornam a abóbada de vidro central.

Plata Nativa (**A** B1)
→ *Florida, 860 (Galeria del Sol, Local 41)*
Tel 43 12 13 98 Seg-sex 10h-19h30; sáb 10h-14h
Grande variedade de joias e artesanatos dos índios mapuche. No primeiro andar, fascinante coleção de arte sacra popular: imagens de santos, retábulos rústicos, altares dos sécs. 18 e 19 etc.

Cuenca del Plata (**A** C1)
→ *San Martín, 775*
Tel 43 11 54 75 Seg-sex 9h-20h; sáb 10h-20h
Uma selaria-loja de artesanato que oferece uma seleção modesta, mas de qualidade, por preços razoáveis: artigos de couro, ponchos...

Tango Brujo (**A** B1)
→ *Esmeralda, 754*
Tel 43 25 82 64 Seg-sex 10h-21h; sáb 10h-20h
O *dos por cuatro* em todas as formas: calçados, vestidos, chapéus, echarpes, aulas em DVD, livros e revistas. Aulas de tango na sobreloja.

Paseo de la Resistencia (**A** B3)
→ *Avenida de Mayo, 649*
Seg-sáb 10h-21h
Passagem iconoclasta na venerável Avenida de Mayo, invadida por um grupo de artesãos. Objetos variados, de cerâmica a tecidos, passando por origami, sobre um fundo de rock alternativo.

Libreria de Avila (**A** C4)
→ *Alsina, 500*
Tel 43 43 33 74 Seg-sex 8h30-20h; sáb 10h-17h
Vasta opção de obras sobre o tango e a cultura argentina, na mais antiga livraria de Buenos Aires (1785). No subsolo, agradável café no meio de uma floresta de estantes que reúnem tesouros de segunda mão.

ATEDRAL METROPOLITANA

MANZANA DE LAS LUCES

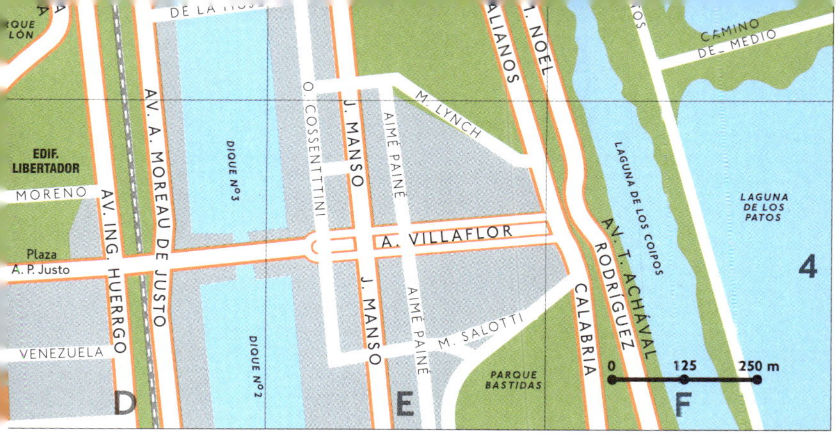

ORREO CENTRAL

PUERTO MADERO

RESERVA ECOLÓGICA

o aos produtos dos stabelecimentos jesuítas o nordeste, as famosas issões guarani. Vale a ena ver também a igreja e San Ignacio (1686-1850) seus retábulos barrocos. teressantes visitas guia- as, incluindo misteriosos neis subterrâneos do éculo 18.

Calle Florida (A B2)
m imenso calçadão omercial, eternamente nimado de dia, entre endedores de flores e úsicos de rua, sob as acas vistosas das andes marcas. Duas aravilhosas galerias merciais: a Galería Güemes, no número 165, e as Galerías Pacífico na esquina de Córdoba.

★ Centro Cultural Borges (A B2)
→ *Viamonte (esquina San Martin) Tel 55 55 53 59 Seg-sáb 10h-21h; dom 12h-21h*
Este centro cultural integrado às Galerías Pacífico é um dos mais conhecidos da cidade, tanto pela qualidade de sua programação quanto pela de seus espaços. Em três andares, exposições, espetáculos de tango, teatro, dança e concertos variados. Excelente cineclube no 2º andar. Café luminoso no térreo.

★ Correo Central (A C2)
→ *Sarmiento, 151*
Tel 43 14 14 14 Seg-sex 8h-20h; sáb 8h-13h
O correio central da cidade, construído de 1889 a 1928 pelo francês Maillart, no estilo de Haussmann.

★ Puerto Madero (A D3)
O antigo porto da cidade, de ares londrinos, sai de um longo período de esquecimento. Arranha-céus, boates, museus e sedes de empresas, tudo supervisionado por grandes arquitetos como o inglês Foster, o espanhol Calatrava (Puente de la Mujer) ou o francês Starck (hotel Faena). Os antigos armazéns de tijolos hoje abrigam bares e restaurantes com terraços encantadores.

★ Reserva Ecológica Costanera Sur (A F2)
→ *Acesso Av. Achával Rodríguez, 1550 (esquina Padre Migone, ao sul de A F4) abr-out: ter-dom 8h-13h; nov-mar: ter-dom 8h-19h*
Aterro de 350 hectares tomados do rio, esta reserva ecológica abriga um rico ecossistema: salgueiros e paineiras, lagoas povoadas por plantas aquáticas, flamingos rosa e patos. Um enclave natural às portas do Microcentro.

CANTO AL TRABAJO

IGLESIA ORTODOXA RUSA

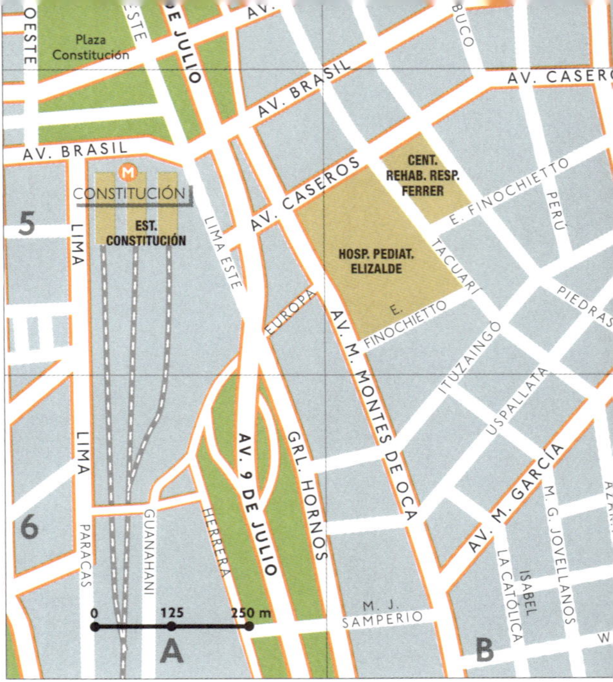

★ **Calle Defensa** (**B** C2)
A alma de San Telmo em alguns quarteirões, entre paralelepípedos irregulares e fachadas desgastadas. Visite a Pasaje de San Lorenzo e suas residências do séc. 19, entre as quais a Casa Mínima, com 2,30 m de largura. E também o Mercado de San Telmo, um dos últimos mercados do bairro, mais que centenário. As galerias de antiguidades ficam à beira da Plaza Dorrego, lotada aos domingos para a Feria de San Telmo, o imperdível mercado-de-pulgas. Depois de San Juan, a rua ganha tons mais populares.

★ **Basílica Nuestra Señora del Rosario** (**B** C1)
→ *Defensa, 422*
Construída entre 1751 e 1773, a basílica barroca foi bombardeada pelos ingleses em 1807 durante sua tentativa de invasão da colônia espanhola: as bandeiras inimigas continuam expostas na nave. No átrio, emocionante mausoléu do general Belgrano, artífice da independência argentina.

★ **El Zanjón** (**B** B2)
→ *Defensa, 755*
Tel 43 61 30 02 Seg-sex 11h-14h; sáb-dom 14h-18h
Uma viagem pelo tempo e pela história da cidade. Cada nível desta residência histórica revela uma época: cortiço onde se amontoavam os imigrantes no fim do século 19 nos andares superiores; no subsolo vestígios de uma casa aristocrática abandonada em 1871, túneis de tijolos do século 18 canalizando as enchentes do Zanjón de Granados, um fosso inundável.

★ **Canto al Trabajo** (**B** C2)
→ *Paseo Colón, 800 (esquina Independencia)*
A *Ode ao Trabalho* (1907-1927) de Rogelio Yrurtia, o maior escultor argentino, formado em Paris por Rodin, representa a rude labuta operária, as virtudes da ajuda ao próximo e a esperança no futuro...

★ **Iglesia Ortodoxa Rusa** (**B** C4)
→ *Brasil, 315 Sáb 17h-20h, dom 10h-12h30 durante serviços*
A primeira igreja ortodoxa da América Latina, construída em 1904 em estilo moscovita: mosaico neobizantino, torres com bulbos turquesa coroados de cruzes ortodoxas. No interior, suntuosos vitrais e ourivesaria oferecida pelo czar Nicolau II.

★ **Museo Histórico Nacional** (**B** C5)
→ *Defensa, 1600*
Tel 43 07 23 01

CALLE DEFENSA

BASÍLICA NUESTRA SEÑORA DEL ROSARIO

Emblemático da Buenos Aires nostálgica e boêmia, San Telmo ainda é um ponto alto do tango e da poesia urbana. A elite portenha construiu aqui no século 19 mansões suntuosas, transformadas em *conventillos* – cortiços destinados aos imigrantes – depois da epidemia de febre amarela de 1871. Com a ajuda do turismo, suas ruas de paralelepípedos ganham status sem perder o encanto. Situada na embocadura do Riachuelo, La Boca cultiva sua diferença: em 1882, o bairro chegou a declarar sua independência. Um *barrio* apaixonante, orgulhoso de suas origens genovesas.

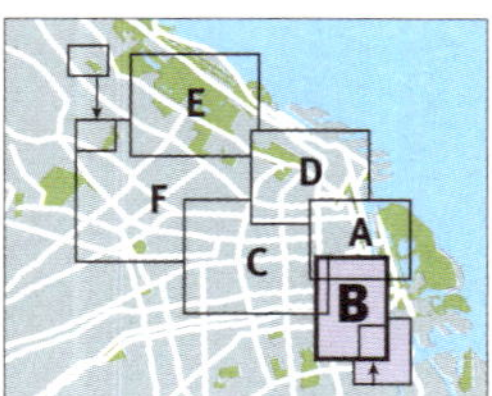

IL MATTERELLO

BAR PLAZA DORREGO

RESTAURANTES

Desnivel (**B** C2)
→ *Defensa, 855*
Tel 43 00 90 81 Seg 19h30-1h; ter-sáb 12h-16h30, 19h30-1h; dom 12h-1h
Uma *parillada* com bons preços, onde se misturam clientes habituais e turistas. Decoração sobrecarregada, ambiente simpático sobre um fundo de velhos tangos, churrascos suculentos. Prato AR$7-20.

Pedro Telmo (**B** B3)
→ *Bolívar, 962*
Diariam meio-dia e noite
Este é um dos últimos *bodegones* populares de San Telmo. Sala pequena e muito simples. Pizzas e massas saborosas e um ambiente incrível à noite. Prato AR$8-20.

El Obrero (**B** D5)
→ *Caffarena, 64*
Tel 43 62 99 12 Seg-sáb 12h-16h, 20h-24h
O "bar do operário" servia antigamente de refeitório para as fábricas deste canto mal-afamado de La Boca. Os *porteños* lembram com voz trêmula do balcão patinado, das paredes forradas de fotos de jogadores e de *tangueros*... Aqui são servidas receitas caseiras, como a *corvina a la vizcaina* ou os raviólis de espinafre. Ir só ao meio-dia, de táxi. Prato AR$10-25.

Via Via (**B** C2)
→ *Chile, 324*
Tel 43 00 72 59 Dom-qui 8h30-1h; sex-sáb 8h30-6h
Cosmopolita, entre Mediterrâneo e Ásia, o cardápio derruba a ditadura do *asado*. Aqui são saboreados deliciosos pratos com gengibre, lulas grelhadas, ótimas sobremesas, saladas frescas. Terraço lotado desde os primeiros dias bonitos. Prato AR$6-30.

Il Matterello (**B** D6)
→ *Martín Rodríguez, 517*
Tel 43 07 05 29
Ter-sáb 12h30-15h, 20h30-24h; dom 12h30-15h
Um segredo bem guardado: sem dúvida o melhor restaurante italiano da cidade, com destaque para as receitas ancestrais da Emília-Romanha. Variedade de massas deliciosas. Prato AR$8-28.

Café San Juan (**B** B3)
→ *San Juan, 450*
Tel 43 00 11 12 Ter-dom 12h30-16h, 20h30-24h
Uma paixão. Sentado no balcão, admire as proezas do jovem Leandro, com visual de *biker* tatuado. Criativo, ele revisita clássicos hispânicos. *Tapas* e pratos do dia fartos, com bela apresentação e

BAR EL FEDERAL

FERIA DE SAN TELMO

BALTHAZAR

ingredientes da temporada: cogumelos marinados, peixe com especiarias. Prato AR$15-40.

CAFÉS

Bar Plaza Dorrego (**B** C3)
→ *Defensa, 1098*
Tel 43 61 01 41 Diariam 8h-madrugada
Parecendo velar desde sempre sobre a Plaza Dorrego, este bar, do tipo que não se faz mais, tem um charme exótico. Mesas e lambris cobertos de grafite, tão decadentes quanto o longo balcão.

Bar El Federal (**B** B3)
→ *Carlos Calvo, 599*
Tel 43 00 43 13 Diariam 8h-madrugada
Uma dessas esquinas legendárias, onde já existia um café em 1864. Tranquilo de dia, maravilhoso com seu balcão interminável, coroado por um arco Art Nouveau de 1904.

La Farmacia (**B** B3)
→ *Bolívar, 898*
Tel 43 00 61 51 Seg 19h-1h30, ter-sex 17h-madrugada, sáb-dom 10h-madrugada
Esta antiga farmácia foi maravilhosamente reaproveitada: tons quentes, exposições, recantos. Muito agradável na hora do lanche, com a fórmula café-doces (deliciosos). Cobertura-terraço fabulosa.

BAR, SHOWS

Gibraltar (**B** B3)
→ *Perú, 895*
Tel 43 62 53 10
Diariam 18h-4h
Sem dúvida o endereço mais popular do bairro, mas trata-se de um *pub*. Hordas de argentinos invadem o local no início da noite. Ao fundo, uma sala de bilhar e um pátio. Grande opção de cervejas e pratos ao curry.

La Trastienda (**B** C1)
→ *Balcarce, 460*
Tel 43 42 76 50
www.latrastienda.com
Esta sala administrada pela prefeitura oferece shows diariamente, de diversos estilos musicais: do blues ao jazz passando pelo tango. Uma oportunidade para descobrir jovens artistas talentosos ou verdadeiros astros como o roqueiro Charly García.

DISCOTECAS

El Museum (**B** B2)
→ *Perú, 535*
Tel 47 71 96 28 Qua 19h-2h, sex-sáb 22h-madrugada
Esta discoteca reúne, em um armazém magnífico projetado por Eiffel, o *After-Office* da quarta-feira mais animada: essas noites badaladas permitem que os empregados da City saiam em horário razoável (19h-2h), façam amigos e programas. Bem moderno.

COMPRAS

Feria de San Telmo (**B** C3)
→ *Plaza Dorrego e Defensa*
Dom 10h-17h
O grande mercado-de-pulgas de San Telmo, imperdível. Trata-se de um verdadeiro bazar onde a multidão passeia ao som de músicos de rua e espetáculos de tango.

Pallarols (**B** C3)
→ *Defensa, 1034*
Tel 43 00 65 55 Horários variados
Pertencente a uma linhagem de ourives catalães, Juan Carlos Pallarols é um dos grandes mestres argentinos do trabalho em prata: utensílios para chimarrão, talheres, objetos litúrgicos.

Balthazar (**B** C3)
→ *Defensa, 1008 (primeiro andar) Tel 43 00 69 26*
Diariam 11h-20h
Este é o verdadeiro paraíso dos apaixonados por belas camisas. Chiques ou descontraídas, com acabamentos dignos de um grande estilista, são irresistíveis.

Un Lugar en el Mundo (**B** C3)
→ *Defensa, 891*
Tel 43 62 38 36 Diariam 10h30-20h
Esta butique minúscula (principalmente feminina) é muito apreciada pelos boêmios modernos. Uma caverna de Ali Babá cheia de tesouros de roupas, joias e acessórios, com destaque para os jovens designers locais.

Pueblo Indio (**B** C2)
→ *Defensa, 869*
Tel 43 62 38 60
Diariam 11h-19h
Descendente de indígenas mapuche, o artista Rubén Millán se inspira em suas tradições para realizar belos objetos em couro, estatuetas, máscaras.

Biazzi (**B** C2)
→ *Defensa, 763*
Tel 43 61 68 09 Dom-sex 11h-18h, sáb 11h-14h
Inspiradas na arte colonial espanhola e nas tradições indígenas do noroeste, as pinturas e esculturas de Miguel Angel Biazzi surpreendem. Próximas da *arte povera* italiana, elas privilegiam os materiais recuperados. É possível visitar o ateliê.

MUSEO HISTÓRICO NACIONAL

CAMINITO

MUSEO QUINQUELA MARTÍN

FUNDACIÓN PROA

MUSEO DE LA PASIÓN BOQUENSE

er-dom 11h-18h
Museu Histórico Nacional stá situado em uma agnífica mansão colonial beira do Parque Lezama, gar da primeira fundação a cidade. Nele podem ser stos um bom acervo de bjetos, documentos e bras de arte que celebram andes homens e acontecimentos marcantes da stória argentina.

Caminito (B D6)
artão-postal mais famoso e Buenos Aires, este inúsculo beco de La oca leva o nome de um ngo bastante conhecido. eus prédios de fachadas oloridas são inspirados nos abrigos dos primeiros imigrantes genoveses. É um destino bem turístico, onde vendedores de suvenires, dançarinas de tango e rapazes em trajes típicos de *guapos* interpelam os passantes.

★ Museo Quinquela Martín (B D6)
→ *Pedro de Mendoza, 1835*
Tel 43 01 10 80 Ter-sex 10h-18h, sáb-dom 11h-18h
O pintor Quinquela Martín (1890-1977) continua sendo o filho querido de seu bairro natal, La Boca, pelo qual lutou até o fim. Criado graças a uma de suas doações, o Centro Pedro de Mendoza abriga o Teatro de la Ribera, uma escola, exposições temporárias e um museu dedicado ao artista: suas obras sobre a vida dura no porto, seu quarto e seu ateliê. A maravilhosa coleção de esculturas argentinas do século 20 pode ser apreciada nos terraços.

★ Fundación Proa (B D6)
→ *Pedro de Mendoza, 1929*
Tel 43 03 09 09
Ter-dom 11h-19h Reinauguração prevista para meados de 2008
Uma das pontas-de-lança da arte contemporânea na Argentina. Aqui são apresentadas exposições de qualidade em espaços notáveis, recém-restaurados: videoinstalações, arquitetura, design, fotografia, música eletrônica...

★ Museo de la Pasión Boquense (B C6)
→ *Brandsen, 805*
Tel 43 62 11 00 Diariam 10h-19h (bilheteria fecha às 18h)
Todo apaixonado por futebol deve visitar o estádio mítico de Buenos Aires, a célebre Bombonera do Boca Juniors. Este gigante de 57 mil lugares se transforma em vulcão nas noites de jogo. Em suas entranhas, um museu dedicado à história do clube e seus grandes jogadores, como o Pibe de Oro, Diego Maradona.

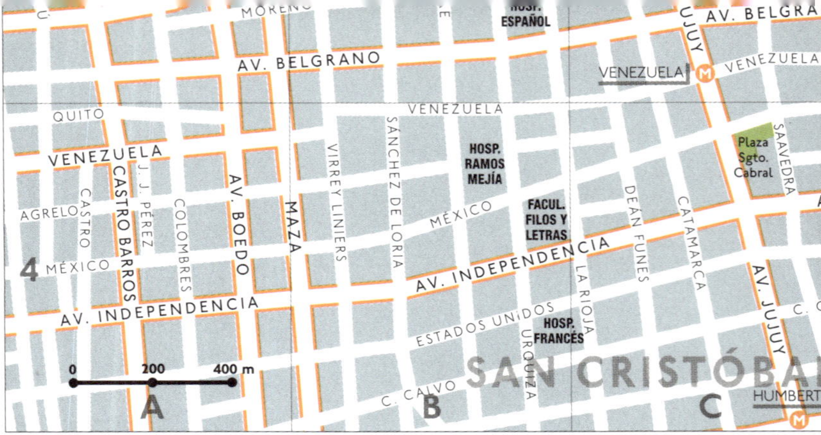

EDIFICIO BAROLO

PLAZA LAVALLE

TEATRO COLÓN

★ Avenida 9 de Julio (**C** F2)
Traçada entre 1937 e 1980, a *Nueve de Julio* é considerada a avenida mais larga do mundo: tem 110 m em média, e chega a alcançar 140 m em alguns pontos. Uma aventura, sua travessia a pé leva vários minutos.

★ Avenida Corrientes (**C** E2)
É considerada a "Broadway portenha", com sua multidão de teatros, cinemas, cafés, restaurantes e livrarias. De dia e de noite, Corrientes causa vertigem e merece seu apelido de "Avenida que nunca dorme". Vale a pena visitar os cafés históricos, as pizzarias míticas e o excelente Teatro San Martín.

★ Obelisco (**C** F2)
→ *Av 9 de Julio (esquina Corrientes)*
Construído em 1936 por Alberto Prebisch, por ocasião dos 400 anos da cidade, este obelisco de 67 m tornou-se rapidamente um dos símbolos de Buenos Aires. Mais convincente à noite, sob os refletores.

★ Plaza del Congreso (**C** E3)
Pode-se não gostar dela, mas a Plaza del Congreso é a mais grandiosa de Buenos Aires. Coroada pela imensa silhueta neoclássica do Congresso, ela reúne diversos edifícios espetaculares, com abóbadas enormes: a Inmobiliaria, a Confitería del Molino... Nos espaços centrais podem ser vistos o monumento aos Dois Congressos, um Pensador de Rodin e o *kilómetro cero* dos mapas argentinos.

★ Congreso (**C** E3)
→ *Av Rivadavia, 1864*
Passaporte obrigatório para visitas guiadas: seg-ter, qui-sex 10h, 12h, 16h, 18h
O Congresso argentino (1896-1910), de dimensões titânicas, abriga as duas câmaras da República: a Câmara dos Deputados e o Senado. Sua ornamentaçã mistura a elegância hierática do templo grego à rica estatuária romana. Não deixe de ver o sublime *Salón Azul*, sob os 80 m da grande cúpula.

★ Edificio Barolo (**C** F3)
→ *Av de Mayo, 1370*
Tel 155 027 90 35
Visitas com hora marcada seg e qui
Um edifício fora do comum construído entre 1919 e 1923 pelo italiano Palanti, para o magnata têxtil Luis Barolo. Em 22 andares, um acúmulo único de estilos

AVENIDA 9 DE JULIO

AVENIDA CORRIENTES

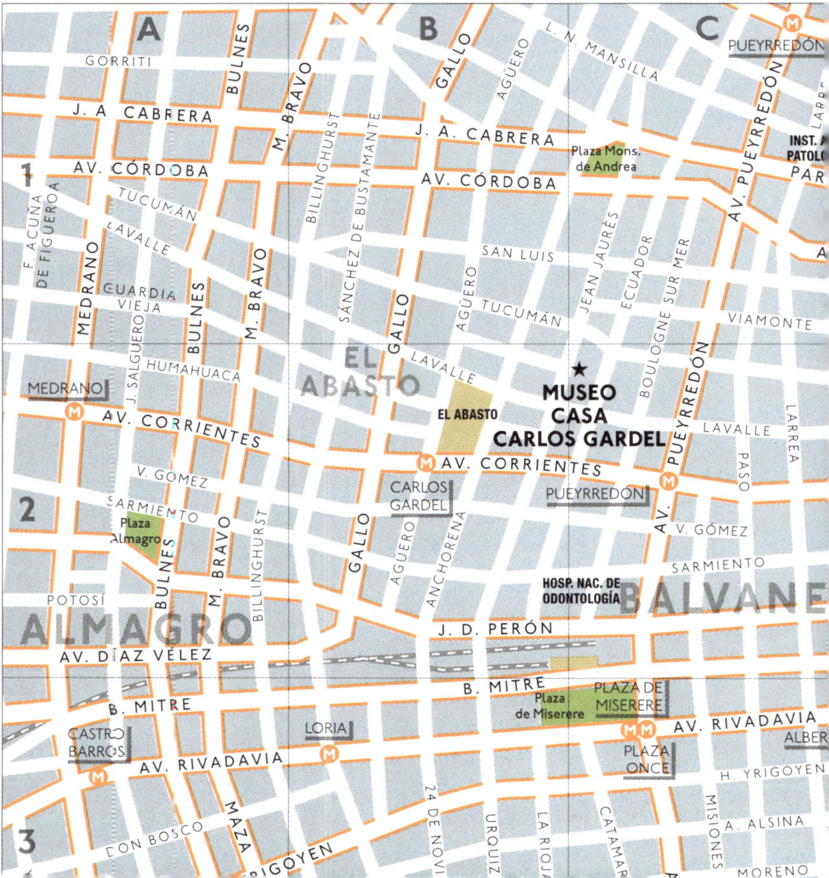

Mais além da Avenida 9 de Julio, o vasto bairro do Congreso se orgulha de seus edifícios públicos grandiosos – Congreso, Teatro Colón, Palacio de Aguas Corrientes – e de suas avenidas míticas: Corrientes, é claro, o ponto alto da cultura popular portenha; mas também o trecho mais espetacular da Avenida de Mayo, coroado pelo Edificio Barolo. Mais a oeste, o Abasto, outra pátria do tango onde viveu o "Moreno do Abasto", Carlos Gardel. O bairro deve seu nome ao antigo mercado de Buenos Aires, um belíssimo edifício Art Déco transformado em gigantesco centro comercial.

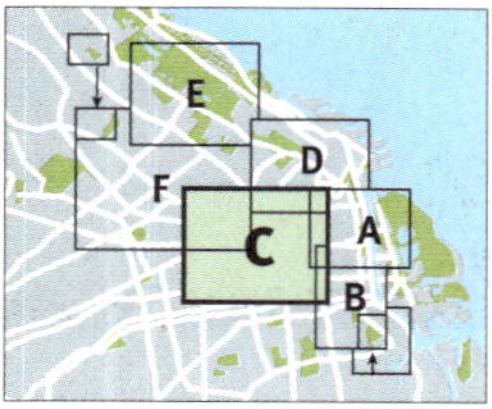

PLAZA MAYOR

ZUM EDELWEISS

RESTAURANTES

Güerrin (**C** F2)
→ *Corrientes, 1368*
Tel 43 71 81 41
Diariam 11h-23h
Uma opção certeira em Corrientes, onde se pode devorar uma pizza *al paso* (de pé no balcão) depois do teatro. Fila a todo instante diante do caixa. A partir de 2,50 pesos o pedaço.

Pippo (**C** E2)
→ *Paraná, 356*
Tel 43 74 63 65 Diariam meio-dia e noite
Uma cafeteria popular, fundada em 1936. Vasta opção de massas, a grande especialidade local, e pratos de carne com preços módicos. Prato AR$10-20.

Los Inmortales (**C** F2)
→ *Corrientes, 1369*
Tel 43 73 53 03 Seg-sáb meio-dia e noite, dom noite
Aqui se encontram as melhores *pizzas a la piedra* (massa fina e leve) de Buenos Aires. Decoração dedicada aos astros do tango. Frequentada por grupos de amigos antes do cinema na Broadway portenha. Pizzas AR$10-30.

Miramar (**C** D4)
→ *San Juan, 1999*
Tel 43 04 42 61 Ter-dom 11h30-16h, 19h30-23h30
Este velho restaurante-mercearia do bairro espanhol seduz imediatamente, com seus garçons de colete preto, toalhas brancas, paredes de garrafas. Lousas anunciam os pratos do dia: *tortillas*, rabo de toro (rabada). Prato AR$15-40.

Plaza Mayor (**C** F3)
→ *Venezuela, 1399*
Tel 43 83 38 02
Diariam 24h
Um dos bastiões da tradição espanhola. Lustres à andaluza, menu em forma de leque com destaque para as receitas ibéricas: *tortillas*, *cazuelas* de lulas ou de polvo, paella. Prato AR$20-50.

Zum Edelweiss (**C** F2)
→ *Libertad, 431*
Tel 43 82 33 51
Diariam 12h-2h
Um endereço elegante de 1930, onde é chique jantar depois de um espetáculo no Teatro Colón. Com ares de *brasserie* parisiense, o lugar permanece fiel às especialidades da Europa Central: chucrute, gulash. Prato AR$20-50.

CAFÉS

La Giralda (**C** E2)
→ *Corrientes, 1453*
Tel 43 71 38 46
Diariam 7h-1h

A GIRALDA

ASUNTO IMPRESO

EL ABASTO

Como indica seu nome, La Giralda foi fundada por sevilhanos. Azulejos brancos sob os néons e mesas de mármore. As estrelas da casa são o *submarino* (leite quente no qual se mergulha uma barra de chocolate) e o chocolate com churros.

El Gato Negro (**C** E2)
→ *Corrientes,1669*
Tel 43 74 17 30
Diariam 7h30-2h
Este café venerável, frequentado por uma clientela boêmia e artística, preserva o ritual portenho do café-mercearia: aqui se encontra disponível uma vasta seleção de especiarias e chás aromatizados. Excelentes cafés da casa e um diabólico *bavarois* ao cardamomo.

Los Angelitos (**C** D3)
→ *Rivadavia, 2100*
Tel 49 52 23 20
Diariam 7h-2h
Fundado em 1890, este café esplêndido já foi um reduto do tango, frequentado por Gardel. Uma tradição que voltou ao gosto do dia desde sua reabertura em 2007, com jantares-tango diários.

Las Violetas (**C** A3)
→ *Rivadavia, 3899*
Tel 49 58 73 87 Seg-qui 6h-2h, sex-dom 24h
O mais belo café da cidade, desde 1884 no coração do encantador bairro de Almagro. Em destaque: vitrais e lustres Art Nouveau, cobres reluzentes, mármore, capitéis dourados. Para degustar chá ou café, servidos com uma variedade de doces da casa (combinado a partir de 27 pesos).

Bar, espetáculos

Los 36 Billares (**C** F3)
→ *Av. de Mayo, 1265*
Tel 43 81 56 96 Seg-sáb 8h-madrugada, dom 18h-madrugada
Um dos últimos cafés--bilhares da cidade, de charme antiquado, fundado em 1894 na prestigiosa Avenida de Mayo. Maravilhosa sala de bilhar francês no subsolo, ambiente ao mesmo tempo sério e descontraído.

Clásica y Moderna (**C** E1)
→ *Callao, 892*
Tel 48 12 87 07 Seg-sex 9h30-1h, sáb-dom 11h-24h
Bem chique, esta livraria--restaurante-café propõe todas as noites, por volta das 22h, shows de jazz ou de tango. Menu a partir de 30 pesos, muito correto. Recomenda-se reservar. Exposições de artistas locais.

Compras

Gandhi (**C** E2)
→ *Corrientes, 1743*
Tel 43 74 75 01 Seg-qui 10h-22h, sex-sáb 10h-24h, dom 16h-22h
Trata-se de uma livraria muito cotada, frequentada por artistas e intelectuais. Aqui são comercializadas obras literárias e especializadas, ao lado de uma seção de discos limitada mas interessante. É aconselhável chamar os vendedores. Na entrada, um café agradável.

Zival's (**C** E2)
→ *Callao, 395*
Tel 43 71 75 00
Seg-sáb 9h30-22h
Situada estrategicamente, na esquina das avenidas Callao e Corrientes, esta casa de discos se distingue pela qualidade e pela variedade de sua seleção: rock argentino, folclore, jazz e, é claro, grande seção dedicada ao tango.

Camelot (**C** F2)
→ *Corrientes, 1388*
Tel 43 74 61 52 Seg-sáb 9h30-22h, dom 13h-21h
Conselho aos amadores de super-heróis, de *heroic fantasy* e de RPG: esta loja minúscula, sempre lotada, reúne uma imensa coleção de *comics*, figurinhas e outros acessórios.

Asunto Impreso (**C** F2)
→ *Pasaje Rivarola, 153*
Tel 43 83 62 62
Seg-sex 10h-19h
Confidencial, a "livraria da imagem" se destaca das demais por sua excelente seleção de belos livros (artes, design, arquitetura, foto, moda, tango), reflexo da incrível criatividade das pequenas editoras argentinas.

Club de Tango (**C** E2)
→ *Paraná, 123 (5º andar, local 114) Tel 43 72 72 51*
Seg-sáb 10h-21h
Este lugar minúsculo perdido no 5º andar de um edifício anônimo constitui uma divina surpresa. Vinis originais, reproduções de cartazes antigos e de partituras, revistas, cartões-postais: todo o imaginário do tango disponível em uns poucos metros quadrados.

El Abasto (**C** B2)
→ *Corrientes, 3247*
Tel 49 59 34 00
Diariam 10h-22h
Trata-se de um edifício impressionante, com majestosos arcos Art Déco (1934). Estes antigos armazéns abrigam desde 1999 um imenso centro comercial. Inúmeras butiques em diversos andares, restaurantes, um cinema multiplex.

BELISCO

PLAZA DEL CONGRESO

CONGRESO

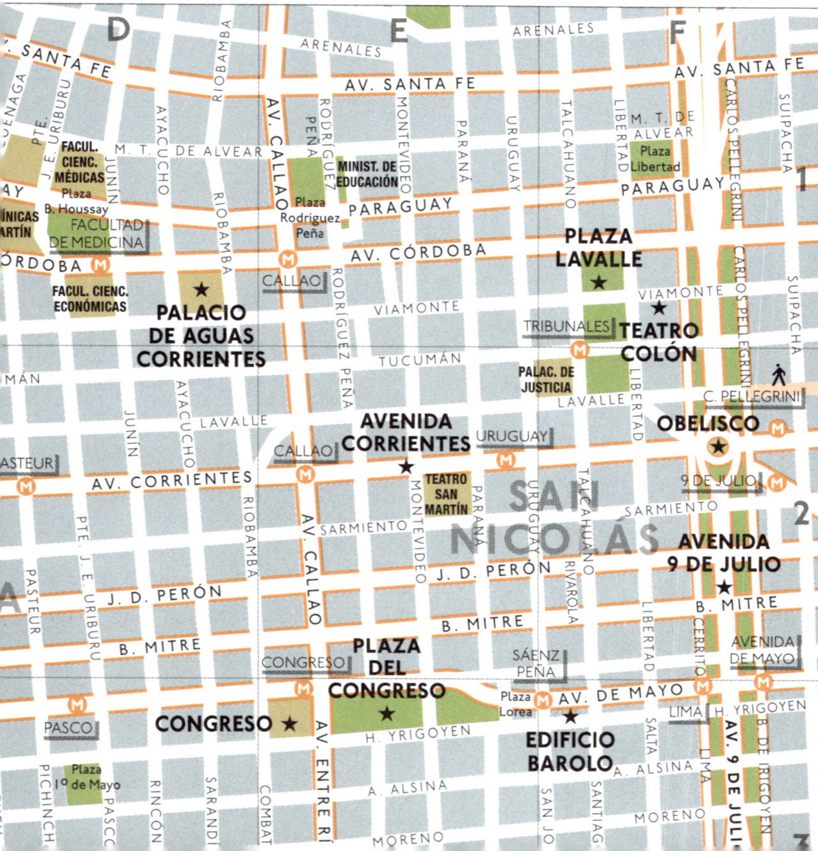

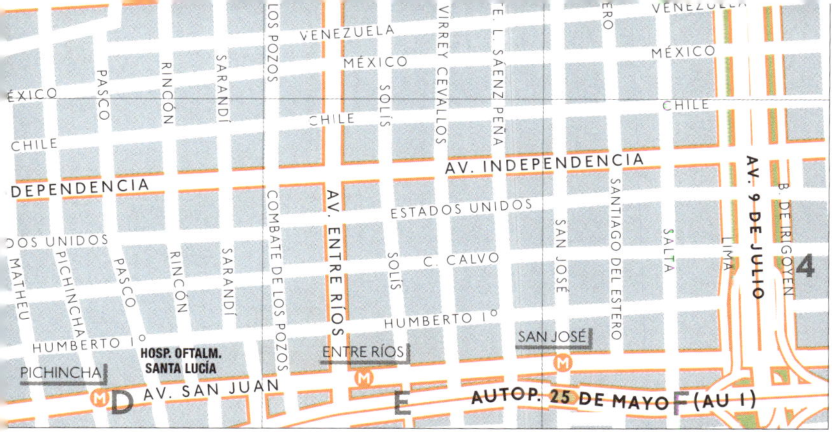

ALACIO DE AGUAS CORRIENTES

MUSEO CASA CARLOS GARDEL

eo" coroados por uma itação de templo hindu. do segue um sutil jogo referências à *Divina omédia* de Dante, cujas tações pontilham as aredes e os tetos. O farol 22º andar projetava, tigamente, sua luz até ontevidéu.

Plaza Lavalle (**C** F1-F2)
ta é uma das praças ais sedutoras da cidade, aças a uma mistura bem osada de arquitetura oderna e antiga, lpicada de árvores ntenárias. Contemple o onumento dedicado ao neral e político Juan valle (1797-1841), o imponente Palácio de Justiça (1910) e o Teatro Colón. De manhã, durante a semana, tem lugar uma feira de livros ao longo da Calle Lavalle.

★ Teatro Colón (**C** F1)
→ *Libertad, 621*
Visitas guiadas com hora marcada
Sala mítica, o Colón (1890-1908) é uma das joias da ópera mundial. Sua acústica esplêndida seduziu os maiores, de Caruso a Callas. Para comemorar seu centenário com beleza, em 25 de maio de 2008, o teatro recebeu um tratamento rejuvenescedor sob alta tensão: suas 2.600 poltronas de veludo foram renovadas com material idêntico, para não causar problemas sonoros.

★ Palacio de Aguas Corrientes (**C** D1)
→ *Riobamba, 750*
Tel 63 19 11 04
Museu seg-sex 9h-12h Visitas guiadas com hora marcada
Apesar de seus ares de palácio extravagante, trata-se de um antigo reservatório de água doce de 72 milhões de litros, encarnando as ideias higienistas do fim do século 19. Enfeitado com 300 mil ladrilhos de cerâmica importados de Londres, ele funcionou até 1978. O museu localiza-se no 1º andar e estão disponíveis visitas guiadas apaixonantes.

★ Museo Casa Carlos Gardel (**C** C2)
→ *Jean Jaurès, 735*
Tel 49 64 20 15 Seg, qua-sex 11h-18h; sáb-dom 10h-19h
Carlos Gardel (Toulouse, França, 1890-1935) ofereceu esta casa à mãe, com quem viveu até 1933, antes de realizar a turnê mundial que lhe seria fatal. Em 1935 seu avião caiu em Medellín, Colômbia... Este modesto museu refaz a carreira do Rouxinol *criollo* por meio de objetos pessoais, fotografias, capas de discos e partituras originais.

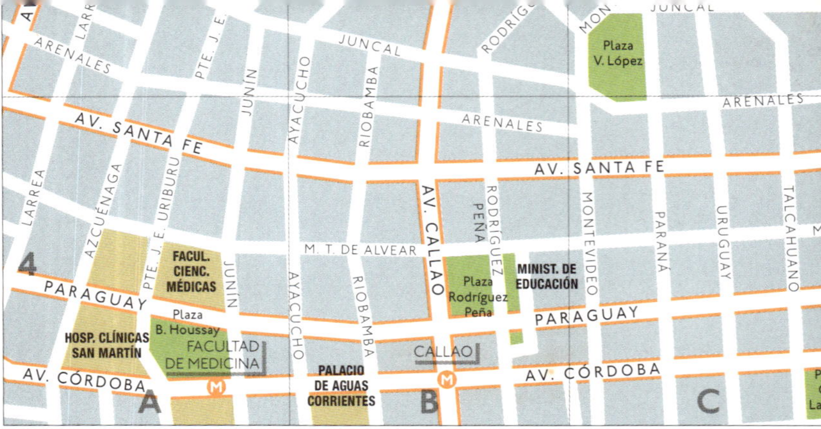

CENTRO CULTURAL RECOLETA

PLAZA FRANCIA

★ Plaza San Martín (**D** E4)
Epicentro do Retiro, a Plaza San Martín foi rodeada no início do século 20 por residências suntuosas: Palácio Paz (sede do Círculo Militar), Palácio San Martín (antigo Palácio Anchorena). Remodelada por Charles Thays em 1910 ao redor de uma figueira gigante, a praça encanta por sua série de árvores magníficas: paineiras, jacarandás, araucárias. A leste, um dos primeiros edifícios, o Kavanagh (1935).

★ Museo de Arte Hispanoamericano Fernández Blanco (**D** D3)
→ *Suipacha, 1422*
Tel 43 27 02 72
Ter-dom 14h-19h
Um verdadeiro mergulho na arte colonial espanhola: aqui estão expostas obras de artesãos guaranis produzidas nas missões jesuítas no nordeste da Argentina, ourivesaria peruana do século 17, quadros da escola de Cuzco, no Peru, célebre por sua estética original, afastando-se dos cânones barrocos ibéricos. No centro de um palácio neocolonial, o Palácio Noel (1922).

★ Avenida Alvear (**D** C3)
Esta é uma das artérias mais concorridas dos bairros chiques, encarnando o luxo discreto da aristocracia local, entre grandes costureiros e mansões de prestígio. Ao sul fica a Plaza Pellegrini. Na esquina de Ayacucho, o famoso Alvear Palace Hotel, o "Ritz" portenho.

★ Basílica Nuestra Señora del Pilar (**D** B2)
→ *Junín, 1892*
Tel 48 06 22 09
Diariam 8h-22h
Com certeza a mais bela igreja colonial da cidade, inaugurada em 1732. Sua sóbria fachada pintada com cal e ladeada por um único campanário esconde capelas barrocas com rica ornamentação. O retábulo de madeira policromada do altar-mor é uma maravilhosa obra-prim[a] do século 18.

★ Cementerio de la Recoleta (**D** B2)
→ *Junín, 1790*
Diariam 7h-18h
Criado em 1822, o cemitéri[o] da Recoleta é o mais antig[o] da cidade. Última morada das elites, aqui podem ser encontrados os túmulos de presidentes, músicos, sábios, soldados das guerras de independência: um[a] verdadeira lição de históri[a]. Capelas e mausoléus esplêndidos ilustram a evolução da estatuária, que vai do neoclassicismo ao Art Nouveau. A estrela incontestável do lugar, Evi[ta]

PLAZA SAN MARTÍN

MUSEO DE ARTE HISPANOAMERICANO

AVENIDA ALVEAR

Espalhado ao redor da imensa Plaza San Martín, Retiro deve seu nome à presença de um antigo mosteiro, junto a um promontório que domina o Río de la Plata. Quanto ao bairro de La Recoleta, foi fundado por monges franciscanos reformados em 1716. Antigamente afastados do centro, estes subúrbios acolheram no fim do século 19 a aristocracia portenha, expulsa de San Telmo pelas terríveis epidemias. A francofilia da época explica o ar de “pequena Paris” desses bairros elegantes, que, além do patrimônio arquitetônico e dos vários museus, estão cheios de bons endereços.

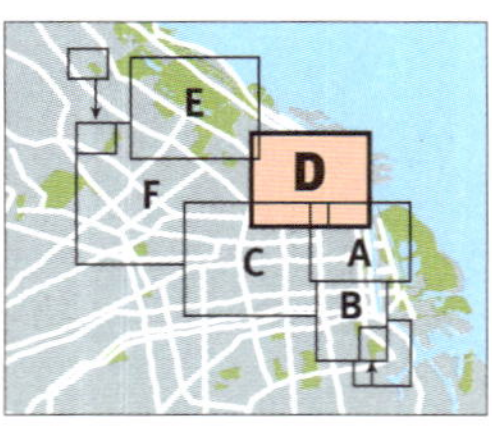

EL SANJUANINO

EL CUARTITO

Restaurantes

El Sanjuanino (**D** C2)
→ *Posadas, 1515*
Tel 48 04 29 09
Diariam 12h-16h, 19h-1h
Tão rústico quanto um *bodegón* do noroeste argentino, este endereço econômico serve os melhores pratos tradicionais da cidade: *empanadas* suculentas (2,80 pesos), *locros* (ensopado de feijão e carne) revigorantes. Prato AR$2-15.

Cumaná (**D** B4)
→ *Rodríguez Peña, 1149*
Tel 48 13 92 07
Diariam meio-dia e noite
Local simpático e acolhedor, o Cumaná dá destaque às especialidades regionais: *empanadas*, *cazuelas* fortificantes, pizzas *de campo* (receita camponesa), batatas-doces na brasa. Prato AR$7-20.

El Cuartito (**D** C4)
→ *Talcahuano, 937*
Tel 48 16 43 31
Diariam 12h-madrugada
Uma das pizzarias míticas da Buenos Aires italiana, com paredes forradas de fotos de futebol e de boxe, velhos garçons de camisa branca que perambulam sem um sorriso entre as mesas de fórmica. Mais de 20 tipos de pizza, todas simples e saborosas. Pizzas AR$15-40.

Piola (**D** C4)
→ *Libertad, 1078*
Tel 48 12 06 90
Diariam 12h-2h
A versão jovem e moderna da El Cuartito. Ambiente *groovy* e cardápio variado: as duas enormes salas do Piola não se esvaziam desde 1993. A lista de pizzas é longa como a noite portenha, entre elas as *pizze bianche*, bem finas. Saladas fartas. Pizzas AR$15-40.

Ligure (**D** D3)
→ *Juncal, 855*
Tel 43 93 06 44 Diariam 12h-15h, 20h-23h30
Uma boa mesa italiana, septuagenária, que perpetua velhas receitas que os próprios genoveses devem ter esquecido, como a famosa *pascualina de alcauciles* (torta folhada de alcachofra). Prato AR$15-50.

Restó (**D** C4)
→ *Montevideo, 938*
Tel 48 16 67 11 Seg-sex 12h-15h, qui-sex 20h-24h
Grande arte culinária, mas acessível. Sala totalmente despojada e preços razoáveis, principalmente ao meio-dia durante a semana. Lulas recheadas com salsão, pernil de cordeiro e purê de quatro

GRAN BAR DANZÓN

ARTESANIAS ARGENTINAS

ARANDÚ

legumes: uma delícia. Quinta e sexta, jantar mais elaborado e caro. Menus no almoço AR$30-50; à noite, à la carte AR$40-80.

CAFÉS

Florencio (**D** B2)
→ *F. de Vittoria, 2363*
Tel 48 07 64 77
Seg-ter, qui, sáb 9h-20h; qua, sex 9h-24h
Um local minúsculo bem no coração de La Isla, onde três mesas rodeiam o balcão, sob um grande espelho que tenta dar a ilusão de espaço. Doces deliciosos, pratos do dia.

La Biela (**D** B2)
→ *Quintana, 600*
Tel 48 04 04 49
Diariam 7h-3h
Trata-se de uma verdadeira instituição local, com seu maravilhoso terraço à sombra de uma seringueira centenária e interior elegante, onde se apressam garçons de colete verde. Ideal para tomar um café lendo o jornal, durante a semana.

BARES, SHOWS

Gran Bar Danzón (**D** D4)
→ *Libertad, 1161*
Tel 48 11 11 08 Seg-qui 19h-3h, sex 19h-4h, sáb 20h-4h, dom 20h-3h
Bar chique e moderno, cuja decoração industrial é reforçada pelos jogos de luz ao redor de um interminável balcão salpicado de estrelas. Oferece uma bela seleção de drinques, entre os quais o explosivo Les Misérables (bourbon, pastis e Dubonnet). Vinhos da estação servidos por taça, suculentos.

Milión (**D** C4)
→ *Paraná, 1048*
Tel 48 15 99 25
Seg-qui 12h-2h, sex 12h-4h, sáb 20h-4h, dom 20h-2h
Ocupando os três andares e os jardins de uma magnífica residência aristocrática de 1913, o Milión é um dos bares imperdíveis da noite portenha, mesmo que o strass e as lantejoulas não estejam ao alcance de todos os bolsos.

Notorious (**D** B4)
→ *Callao, 966*
Tel 48 13 68 88
www.notorious.com.ar
Seg-ter 8h-24h, qua-qui 8h-1h, sex 8h-3h, sáb 10h-3h, dom 18h-24h
Considerado "o" clube de jazz de Buenos Aires, que se anima todas as noites ao som das melhores formações, locais ou estrangeiras; aqui também é possível ouvir tango e blues. Reservar mesa mesmo que seja só para beber.

COMPRAS

Feria Plaza Francia (**D** B2)
→ *Plaza Alvear*
Sáb-dom a partir de 10h
A feira de artesanato da Recoleta, que monta suas barracas todo sábado e domingo a partir das 10h, ao pé da basílica de El Pilar. Aqui se vendem artigos de qualidade variável, alguns muito originais. Bom ambiente, shows improvisados nos amplos gramados.

Buenos Aires Design (**D** B2)
→ *Pueyrredón e Libertador*
Tel 57 77 60 00 Seg-sáb 10h-21h, dom 12h-21h
Uma galeria comercial especializada em design de todas as formas: móveis, decoração, acessórios. As lojas Morph e Puro Diseño Argentino expõem os jovens criadores locais.

Grand Cru (**D** C3)
→ *Av. Alvear, 1718*
Tel 48 16 39 75 Seg-sex 10h-20h, sáb 10h-18h
Um bar de vinhos de alta classe, de seleção limitada mas exigente, onde figuram os melhores néctares de Mendoza, assim como autênticas raridades de Cafayate ou da Patagônia.

El Ateneo (**D** B4)
→ *Santa Fe, 1860*
Tel 48 13 60 52 Seg-qui 9h-22h, sex-sáb 9h-24h, dom 12h-22h
A maior livraria da América do Sul, em um ambiente extravagante: o antigo teatro à italiana Grand Splendid. No palco, o café La Imprenta às vezes oferece palestras.

Artesanias Argentinas (**D** C3)
→ *Montevideo, 1386*
Tel 48 12 26 50 Seg-sex 10h-19h30, sáb 10h-13h
Uma loja de artesanato que segue os preceitos do comércio equitativo: os lucros vão diretamente para os artesãos, originários de comunidades indígenas. Tecidos, estatuetas, facas – cada obra é acompanhada de uma explicação detalhada.

Arandú (**D** C4)
→ *Paraguay, 1259*
Tel 48 16 61 91 Seg-sex 9h30-20h30, sáb 9h30-13h30
Excelente *talabartería* (selaria): apresenta uma enorme variedade de artigos de couro (botas, selas, chicotes), trajes tradicionais (cinturões, chapéus, calças de gaúcho), tecidos e acessórios para polo.

ASÍLICA NUESTRA SEÑORA DEL PILAR

CEMENTERIO DE LA RECOLETA

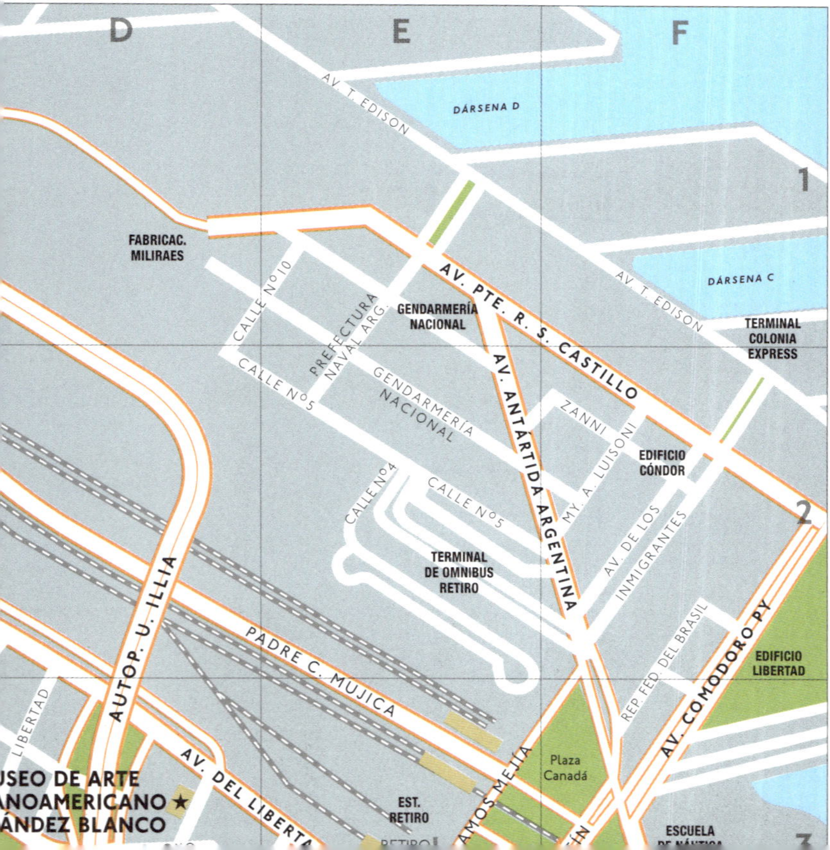

LA ISLA

MUSEO NACIONAL DE BELLAS ARTES

FLORALIS GENERICA

erón repousa junto de sua mília, os Duarte.

Centro cultural ecoleta (**D** B2)
→ Junín, 1930
l 48 03 10 40 Ter-sex 14h-h, sáb-dom 10h-21h
convento dos Recoletos i transformado em centro ltural por Clorindo Testa n 1979. Oferece uma ogramação rica e variada: ntura, fotografia, shows, atro, dança.

Plaza Francia (**D** B2)
Pueyrredón e Libertador
o centro da "praça da ança" está o monumento erecido pela comunidade ancesa no centenário da dependência, em 1910. Ao redor, podem ser admiradas estátuas de grandes franceses: Zola, Braille, mas também um certo Porteau, que caiu pela independência argentina.

★ La Isla (**D** B2)
Dominando a avenida Libertador do alto de uma elevação, a Praça Mitre é dedicada a um presidente argentino dos anos 1860. Atrás de sua estátua equestre começa o bairro de La Isla ("a Ilha"): um punhado de ruelas calmas com edifícios neoclássicos ou contemporâneos, ao pé da monumental e futurista Biblioteca Nacional (1962-1992) de Clorindo Testa, que os portenhos, incrédulos, apelidaram de *Yellow Submarine*.

★ Museo Nacional de Bellas Artes (**D** B2)
→ Av del Libertador, 1473
Tel 48 03 08 02 Ter-sex 12h30-19h30, sáb-dom 9h30-19h30
Um imenso acervo de mais de 10 mil obras. No térreo, bela coleção de arte europeia, da época gótica à arte moderna, de Goya a Picasso, passando pelos impressionistas. No primeiro andar, os maiores nomes da arte argentina dos séculos 19 e 20: Pueyrredón, Sívori, Quinquela Martín, Xul Solar ou, mais contemporâneos, Berni e Jorge de la Vega. Não deixe de ver a seção pré-colombiana e as *Tablas de la Conquista de México*, pinturas em madeira (fim do século 17) enfeitadas com nácar, que narram a conquista do México.

★ Floralis Generica (**D** B1)
→ Plaza Naciones Unidas
Criação do arquiteto argentino Eduardo Catalano, oferecida à cidade em 2002, esta gigantesca flor de aço repousa sobre um espelho-d'água que realça o jogo de reflexos de suas pétalas, que se fecham à noite e se abrem de manhã cedo.

ZOO BUENOS AIRES

JARDÍN JAPONÊS

PARQUE 3 DE FEBRERO

★ Museo Nacional de Arte Decorativo (**E** F4)
→ *Libertador, 1902*
Tel 48 01 82 48
Ter-dom 14h-19h
De todos os palácios construídos em Palermo no início do século 20, o Palacio Errázuriz (1911-1917) é sem dúvida o mais extravagante. Tapeçarias flamengas com 20 m de comprimento revestem o saguão grandioso, inspirado no Renascimento francês, enquanto o acervo de arte (El Greco, Rodin) e de porcelanas chinesas reunido pela família Errázuriz ilustra perfeitamente o gosto da era dourada portenha.

★ MALBA (**E** F4)
→ *Figueroa Alcorta, 3415*
Tel 48 08 65 00 Qui-seg 12h-20h, qua 12h-21h
Trata-se de um fabuloso museu de arte contemporânea, financiado pelo milionário Eduardo Costantini para abrigar sua imensa coleção. Diego Rivera, Frida Kahlo, Antonio Berni, os maiores artistas latino-americanos estão reunidos e são apresentados cronologicamente no 1º andar. Retrospectivas de qualidade no 2º andar, cinemateca de programação convincente, cafeteria agradável, butique de arte e design bem montada no térreo.

★ Museo de Arte Popular José Hernández (**E** F4)
→ *Libertador, 2373*
Tel 48 03 23 84 Qua-sex 13h-19h, sáb-dom 10h-20h
Este museu modesto tem a ambição de preservar o patrimônio artesanal argentino. Possui um acervo reduzido, mas cuidadosamente reunido: ourivesaria, tecidos. Também apresenta exposições temporárias.

★ Museo Evita (**E** D4)
→ *Lafinur, 2988*
Tel 48 07 94 33
Mai-out: ter-dom 13h-19h; nov-abr: ter-dom 11h-19h
Este novo museu é dedicado ao mito Eva Perón (1919-1952), que ainda ocupa um lugar à parte no imaginário argentino. Vinda de um meio pobre, a atriz Eva Duarte conheceu o coronel Perón em 1944 e seu destino mudou. Sua trajetória é percorrida aqui em filmes, fotos, roupas e documentos.

★ Jardín Botánico Carlos Thays (**E** D4)
→ *Plaza Italia Tel 48 31 45 27*
Diariam 8h-18h (19h verão)
Criado em 1898 pelo paisagista francês Charles Thays, este jardim botânico reúne cerca de 8 mil espécies, e constitui uma amostra da flora argentina: jacarandás, araucárias,

MUSEO NACIONAL DE ARTE DECORATIVO

MALBA

Um núcleo cultural com museus apaixonantes, Palermo também se impõe como verdadeiro pulmão da cidade. Foi o francês Charles Thays (1849-1934) quem desenhou esta sequência de passeios públicos e espaços verdes: ampliação do Parque 3 de Febrero, criação de um imenso roseiral e do jardim botânico. Este fica feérico na primavera, quando florescem os jacarandás, *palos borrachos* (seringueiras) e paineiras. Atrás do hipódromo e do campo de polo, no bairro de Las Cañitas, há diversos lugares na moda para saídas, ao redor das ruas Báez e Arce: *parilladas* simpáticas, restaurantes étnicos.

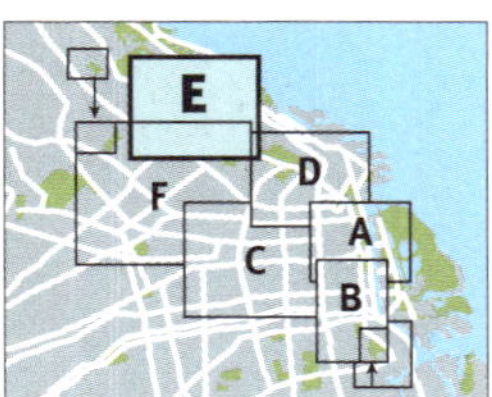

TONNO

GUIDO'S BAR

RESTAURANTES

Tonno (**E** B3)
→ *Arce, 40 Tel 47 76 03 60 Seg-sex 8h-24h, sáb 10h-2h, dom 12h-1h*
Um endereço simples que se destaca no bairro de Las Cañitas, hoje na moda. São servidas excelentes pizzas feitas em forno a lenha, principalmente as *fugazzetas* (pizzas finas de cebola). Pizzas AR$15-25.

Las Cholas (**E** B3)
→ *Arce, 306*
Tel 48 99 00 94
Diariam 12h-1h
O endereço jovem e badalado de Las Cañitas. Duas grandes salas rústicas e animadas e um agradável terraço no primeiro andar. Muita gente à noite, à luz de velas. O cardápio é composto de pratos tradicionais (*tamales*, *empanadas*) e grelhados variados. Prato AR$15-25.

Restaurant du Museo Evita (**E** D4)
→ *Gutiérrez, 3926*
Tel 48 00 15 99
Ter-dom 9h-24h
Terraço interno afastado da rua, ideal para almoçar com calma e perto dos principais lugares de Palermo. Carta simples, mas de qualidade: massas e outras especialidades italianas, saladas, carnes, peixes, receitas vegetarianas. Prato AR$20-50.

El Primo (**E** B3)
→ *Báez, 302*
Tel 47 75 01 50
Diariam 12h-1h
Sem dúvida a melhor *parillada* de Las Cañitas. Longas mesas de madeira, geralmente lotadas, e decoração à antiga. Grupos de amigos podem pedir uma *parilla especial*: 60 pesos para 4-5 pessoas.

Novecento (**E** B3)
→ *Báez, 199*
Tel 47 78 19 00 Seg-sex 9h-madrugada, sáb-dom 12h-madrugada
Um bistrô no estilo de Nova York, em plena Las Cañitas, o Novecento revisita os pratos clássicos da culinária argentina: canelone com *confit* de cordeiro, carnes acompanhadas de legumes variados... Serviço atencioso, ambiente intimista. Prato AR$15-40.

Restaurant Standard (**E** B4)
→ *Fitz Roy 2203*
Tel 47 79 27 74
Seg-sex 20h-24h
Um local acolhedor que propõe uma cozinha tipicamente portenha. Aqui se pode apreciar uma refeição com surpreendentes raviólis de miolo e espinafre, acompanhados

MALBA RESTAURANT

ASHES OF ROSES

MULE

de um refogado de linguiça. Prato AR$35.

Guido's Bar (**E** D4)
→ *República de la India, 2843 Tel 48 02 23 91*
Seg-sex meio-dia e noite, sáb meio-dia
Uma *trattoria* legendária em Buenos Aires, com duas salas estreitas forradas de clichês que lembram a Itália, astros de Hollywood e da Argentina. Cozinha italiana familiar, como não se vê mais. Mas atenção: os pratos dependem da inspiração do momento, e não do gosto dos anfitriões. Refeição AR$50-70.

Cafés

Malba Restaurant (**E** F4)
→ *F. Alcorta, 3423*
Tel 48 01 33 86 Dom-qua 9h-21h, qui-sáb 9h-1h
A cafeteria do Malba, perfeita para depois de uma visita ao museu. Sala imensa em vários níveis, onde as conversas ecoam sob altos tetos brancos, e maravilhoso terraço afastado dos carros.

Bar do Museo Sivori (**E** D2)
→ *Infanta Isabel, 555*
Tel 47 74 95 52 Ter-sex 12h-18h (20h verão), sáb-dom 10h-18h (20h verão)
Seu terraço bucólico cercado de um comovente jardim de esculturas é o local ideal para uma pausa tranquila entre duas visitas.

Croque-Madame (**E** F4)
→ *Libertador, 1902*
Tel 48 06 86 39
Diariam 10h-24h
O bar do Museu de Arte Decorativa está instalado em duas salas requintadas no pavilhão de entrada e ainda conta com uma adorável esplanada à beira do chafariz. Cafés, bebidas e um cardápio variado, mas um pouco caro. A atração é o *croque-madame*, que aqui é apresentado como o máximo da gastronomia francesa.

Sorvete

Persicco (**E** E4)
→ *Salguero, 2599*
Tel 48 08 08 88 Seg-qui 8h-1h, sex 8h-3h, sáb 9h-4h, dom 9h-1h
Aqui são encontrados os sorvetes mais tentadores da cidade, na mais pura tradição italiana. Grande opção de formatos, sabores e coberturas, com diversas variações sobre o tema do *dulce de leche*, o pecadilho gastronômico dos argentinos.

Bar

Supersoul (**E** B3)
→ *Báez, 252*
Tel 47 76 39 05
Seg-sáb 19h-4h
O bar mais "tendência" de Las Cañitas. Seu interior comprido é decorado com extravagância, lembrando os anos 70, com fundo de música pop, rock e soul.

Compras

Goti (**E** B3)
→ *Arévalo, 2858*
Seg-sáb 12h-23h
Situada em pleno coração de Las Cañitas, esta loja sedutora oferece as criações do sapateiro Goti: descontraídas, na tendência "esporte chique", para homens e mulheres. Os preços são razoáveis e há disponível uma grande variedade de cores.

Etiqueta Negra (**E** B3)
→ *Arguibel, 2835*
Seg-sáb 10h-20h
O supra-sumo atual da moda masculina, entre ternos dândi de cortes audaciosos e tecidos originais, camisas bem cortadas e artigos de *sportswear*. E também se podem adquirir algumas peças das estações passadas, por preços mais convidativos.

Rapsodia (**E** B3)
→ *Arguibel 2899 e 2860*
Tel 47 72 27 16
Seg-sáb 10h-20h
Esta rede de roupas e acessórios femininos faz um sucesso incrível: aqui se encontram jeans *vintage*, coletes, *chemisiers* bem coloridos, echarpes, bolsas. No número 2899 estão as novidades; no número 2860, a ponta de estoque, com preços bem reduzidos.

Ashes of Roses (**E** B3)
→ *Arguibel, 2874*
Tel 47 72 51 44
Seg-sáb 10h-20h
Formada em Londres, Carolina Tonelli mistura com talento o classicismo inglês e a exuberância latina. Apresenta em suas peças um estilo decididamente incomparável, explorando a nobreza do veludo e da seda, com destaque para os motivos florais. Irresistível.

Mule (**E** A2)
→ *Migueletes, 789*
Tel 47 75 86 97 Seg-sex 10h-13h, 15h30-20h30; sáb 10h-13h30, 16h-20h30
De inspiração retrô e linhas depuradas, a loja Mule calça a clientela elegante com seus "calçados de coleção", todos de acabamento impecável.

USEO DE ARTE POPULAR

MUSEO EVITA

JARDÍN BOTÁNICO CARLOS THAYS

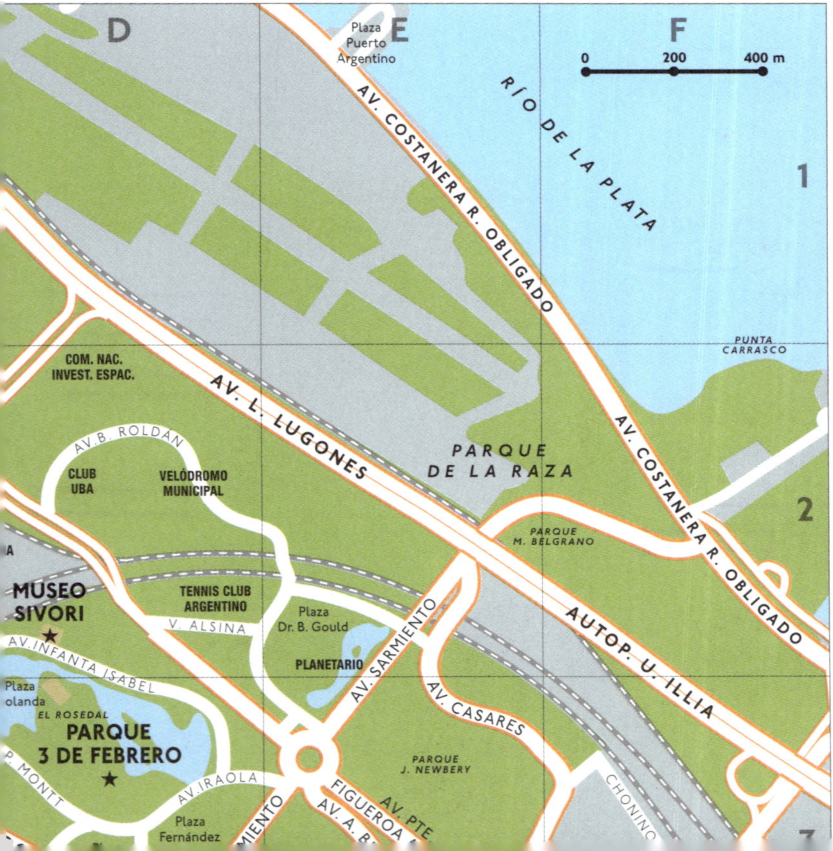

MUSEO SIVORI

HIPÓDROMO E CAMPO ARGENTINO DE POLO

ineiras e ombus, árvores gantes das selvas de ssões. Passeios delicio- s, salpicados de fontes cólicas e esculturas.

Zoo Buenos Aires D4)
Sarmiento (esquina de las ras) Tel 40 11 99 99 Ter- m 10h-18h
ais que centenário, o zoo- gico municipal surpreende r seus edifícios estranhos, mo o abrigo dos elefantes, e imita um palácio liano. Bela amostragem fauna argentina – pumas, anacos, lamas e vicunhas, arés, tucanos, condores – mundial, como o emble- tico tigre branco.

★ **Jardín Japonés** (**E** E3)
→ *Casares (esquina de Berro)*
Diariam 10h-18h
Um jardim japonês para descansar da loucura portenha. Neste agradável local é possível apreciar rochas dispostas com arte, pontes de madeira vermelha sobre um braço de lago onde pululam carpas koi coloridas, pagode de granito na ilha central, centro de exposições e restaurante de sushi.

★ **Parque 3 de Febrero** (**E** D3)
Pulmão de Buenos Aires desde 1875, os "bosques de Palermo" ficam bastante animados nos fins de semana: pedalinhos no vasto lago, piquenique na grama, esportes de todo tipo, passeio romântico no elegante roseiral de Rosedal, com suas diversas esculturas em mármore e pérgulas à italiana.

★ **Museo Sivori** (**E** D2)
→ *Infanta Isabel, 555*
Tel 47 74 94 52 Ter-sex 12h-18h (20h verão), sáb-dom e feriados 10h-18h (20h verão)
Disposto ao redor de um encantador jardim de esculturas, este museu contém um acervo de arte argentina com mais de 4 mil obras que se estendem do século 19 até hoje. Exposições temporárias de artistas contemporâneos.

★ **Hipódromo Argentino e Campo Argentino de Polo** (**E** B2-B3)
→ *Libertador (esquina Dorrego)*
O hipódromo de Palermo mistura com bom gosto a elegância da Belle Époque com um ambiente descontraído. As corridas são realizadas ao longo de todo o ano, mas o evento principal da temporada é o Gran Premio Nacional, que ocorre em novembro. Em frente fica a "Catedral do Polo", arena verde, que recebe em novembro o mítico Open da Argentina.

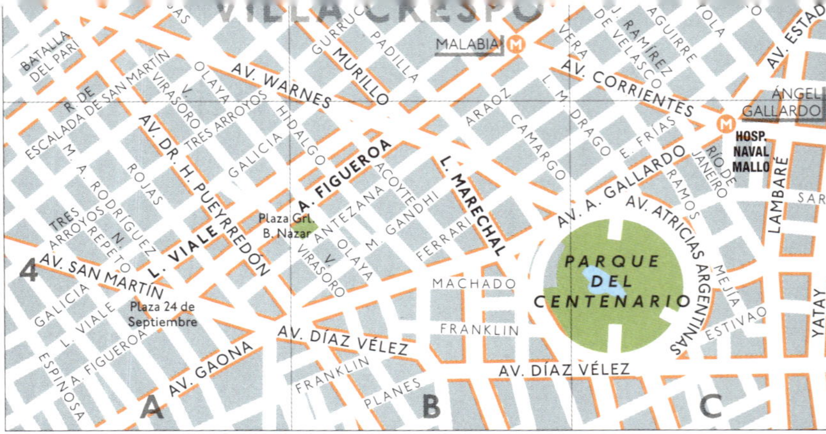

LA REDONDA

MUSEO DE ARTE ESPAÑOL ENRIQUE LARRETA

MUSEO CASA DE YRURTIA

★ Plaza Cortázar (**F** C2)
Este é o centro nevrálgico do bairro, mais conhecido pelos taxistas pelo antigo nome de Plaza Serrano. Uma praça assimétrica, de fachadas centenárias muitas vezes enfeitadas com afrescos coloridos, popular principalmente por sua feira de artesanato no fim de semana e seus bares, antigamente boêmios.

★ Pasaje Russel (**F** C2)
Trata-se de uma passagem de paralelepípedos nostálgica como há muitas em Palermo Viejo. Abriga várias casas dos anos 1920, identificáveis pelo balcão estreito e pela ornamentação exagerada, uma maneira de os modestos imigrantes que enriqueceram rapidamente mostrarem seu sucesso.

★ Casa de Jorge Luis Borges (**F** D2)
→ *Borges, 2129 Visível da rua, não é visitada*
O escritor (1899-1986) viveu nesta casa uma parte de sua infância. Quando sua família se instalou aqui em 1901, o bairro ainda era o limite entre a cidade e os charcos mais a oeste. Esse jogo simbólico sobre a "fronteira", povoada por personagens inquietantes adeptos da briga de faca, atravessa várias obras de Borges, notadamente a maravilhosa *Evaristo Carriego*.

★ Museo Xul Solar (**F** F3)
→ *Laprida, 1212*
Tel 48 24 33 02 Ter-sex 12h-20h, sáb 12h-19h
O artista Xul Solar (1887-1963) foi, segundo seu grande amigo Borges, "o homem mais extraordinário que esse país já teve". Originais e fascinantes, suas aquarelas e esculturas são repletas de símbolos inspirados na cabala, no tarô e na astrologia. Misterioso "jogo de xadrez total" inventado pelo iconoclasta. Bem-vindo ao "Pan Klub", fundado por X[illegible] Solar e seus amigos.

★ Barrancas de Belgrano (**F** A1)
Este parque modesto projetado por Charles Thays merece uma visita principalmente por sua *Milonga Abierta de la Glorieta*: toda sexta, sábado e domingo à noi[illegible] das 19h às 22h, dançarinos se reúnem sob seu vasto coreto para sessõe[illegible] de tango gratuitas e simpáticas.

★ La Redonda (**F** A1)
→ *Vuelta de Obligado, 204[illegible]*
A igreja da Inmaculada Concepción deve o apeli[illegible]

PLAZA CORTÁZAR

PASAJE RUSSEL

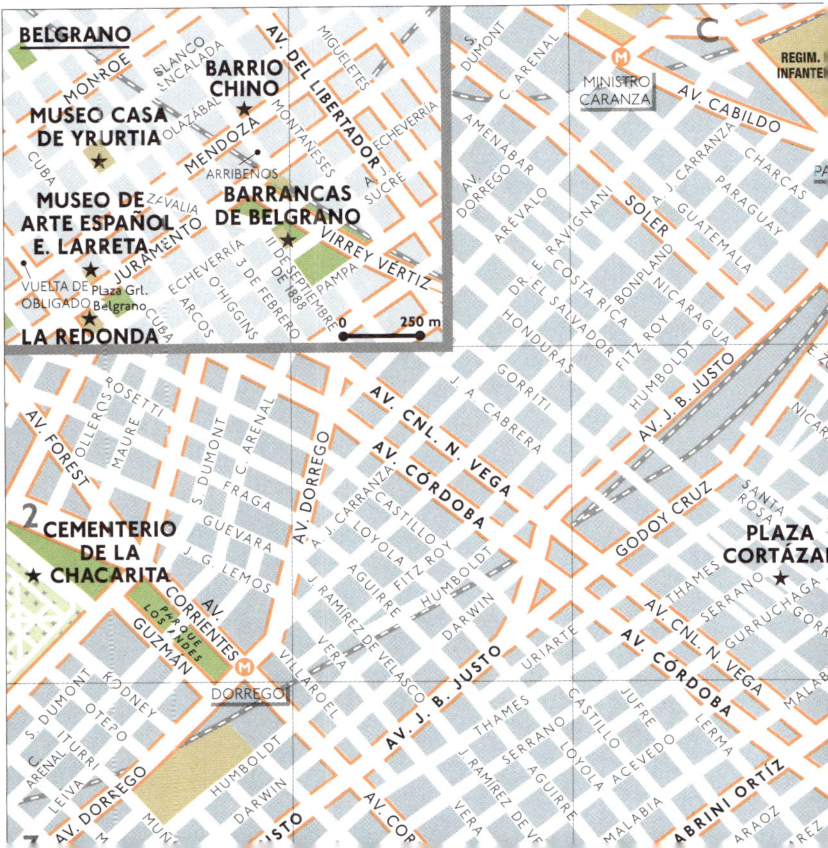

F

Palermo Viejo / Belgrano

Terra adotiva de imigrantes italianos, espanhóis ou armênios (uma rua leva o nome destes) no início do século 20, o Palermo Viejo mudou muito desde a época de "miséria despreocupada" idealizada por Borges. Às vezes rebatizado de "Palermo Soho", ele abriga hoje diversos restaurantes, bares e lojas da moda, nos arredores da Plaza Cortázar. Depois da Avenida Juan B. Justo, Palermo Hollywood deve seu nome à presença de várias estações de rádio e canais de TV. Bairro residencial opulento, Belgrano guardou o antigo charme da localidade independente que foi até o final do século 19.

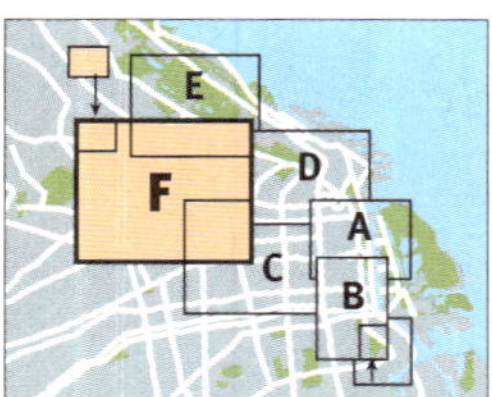

BAR 6

FREUD & FAHLER

Restaurantes

Gardelito (**F** D2)
→ *Thames, 1914*
Tel 47 77 83 38 Diariam 12h-15h30, 20h30-2h
Um dos últimos endereços de bairro de Palermo, com paredes enfeitadas de *fileteado* (tradição gráfica local) e retratos de Gardel. Aqui são servidas massas saborosas, grelhados, berinjelas ao molho. Prato AR$8-20.

Contigo Perú (**F** B1)
→ *Echeverría, 1627*
Tel 47 80 39 60
Ter-dom meio-dia e noite
Este restaurante peruano de Belgrano constitui a oportunidade ideal para esquecer um pouco as fritas com carne. *Ceviche* (peixe ou camarão marinados), *chicharrón* (frango ou porco com ervas): para regalar-se sem gastar muito. Prato AR$12-30.

El Preferido de Palermo (**F** D2)
→ *Borges, 2108*
Tel 47 74 65 85 Seg-sáb 12h-16h, 20h-23h30
Velho restaurante espanhol decorado à moda antiga, entre toalhas xadrezes e brasões ibéricos, o "favorito de Palermo" serve deliciosos pratos de peixe e *fadabas asturianas* (refogado das Astúrias à base de feijão-branco e carne, 30 pesos para duas pessoas). Prato AR$10-60.

Bar 6 (**F** D2)
→ *Armenia, 1676*
Tel 48 33 68 07
Seg-sáb 8h-3h
Antiga marcenaria de tetos muito altos, o Bar 6 é sem dúvida um dos endereços mais na moda e agradáveis de Palermo Viejo. Um barulho eterno das conversas com fundo de música atual. Os pratos do cardápio são modernos e equilibrados, com influências mediterrâneas e asiáticas: *wok* de legumes, mero ao molho cítrico. Prato AR$15-40.

Freud & Fahler (**F** D2)
→ *Gurruchaga, 1750*
Tel 48 33 21 53
Seg-sáb 12h30-15h30, 20h30-24h (1h sex-sáb)
Instalado em duas salas intimistas e luminosas, com música suave ao fundo, decoração despojada e obras de arte. No cardápio são encontrados pratos do tipo *picadas* (as *tapas* argentinas) e clássicos nacionais bem preparados, como o cordeiro da Patagônia com legumes e condimentos variados. Combinados 22-35 pesos ao meio-dia, 40-60 pesos à noite.

MUNDO BIZARRO

CALMA CHICHA

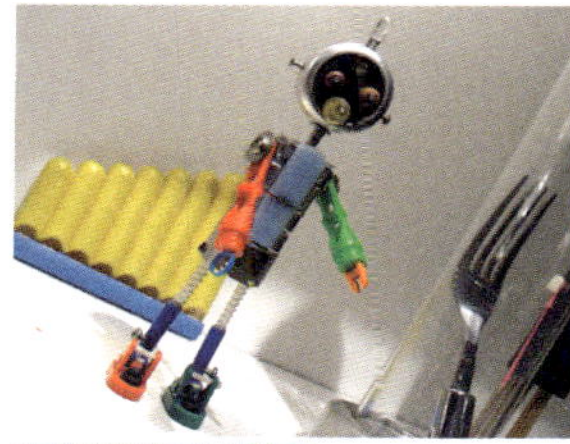

OBJECTOS ENCONTRADOS

La Cabrera (**F** C2)
→ *Cabrera, 5099*
Tel 48 31 70 02
Seg-ter noite, qua-dom meio-dia e noite
Esta *parillada* elegante em Palermo Hollywood é uma das mais renomadas. Aqui se podem saborear carnes assadas à perfeição, servidas com purê de beterraba, abobrinhas com uvas-passas. Calcule AR$40-60.

CAFÉ

Boutique del Libro (**F** C2)
→ *Thames, 1762*
Tel 48 33 66 37
Diariam 10h-22h
Umas das mais atraentes livrarias-cafés (gênero muito na moda em Buenos Aires): poucas mesas no meio de livros, em um maravilhoso pátio coberto.

BARES

Bar Crónico (**F** C2)
→ *Borges, 1646*
Tel 48 33 07 08
Seg-sex 8h-6h, sáb-dom 12h-6h
Bar emblemático da Plaza Cortázar, que tem na frente retratos do Che e de Charly García (astro do rock decaído). À noite, na penumbra, uma multidão jovem e boêmia se reúne no local ao som de rock alternativo ao fundo.

Mundo Bizarro (**F** C2)
→ *Serrano, 1222*
Tel 47 73 19 67
Dom-qua 20h-3h, qui 20h-4h, sex-sáb 20h-5h
Este bar mudou de endereço e perdeu em charme o que ganhou em tamanho, mas continua sendo uma boa pedida na vida noturna de Palermo, tendência *underground*. Decoração engraçada, entre *pin-up* dos anos 50 e bar de *strip-tease*.

878 (**F** B3)
→ *Thames, 878*
Tel 47 73 10 98
Diariam 20h-madrugada
Um endereço que já foi clandestino, atrás de um muro de tijolos sem placa. Este é um dos bares mais simpáticos da cidade. Ambiente descontraído e intimista, excelente seleção de bebidas do mundo inteiro.

CLUBES, MILONGAS

Niceto Club (**F** B2)
→ *Niceto Vega, 5510*
Tel 47 79 93 96
Qui-sáb a partir de 24h30
Um dos clubes mais concorridos de Buenos Aires, por seu excelente nível musical: shows de quinta a sábado, e DJs a partir de 2h.

La Viruta (**F** C3)
→ *Armenia, 1366*
Tel 47 74 63 57
Salão de baile um pouco tristonho no subsolo do clube armênio, La Viruta atrai à noite uma multidão de dançarinos bastante jovens. As noites "Viruta Tango" ocorrem às quartas e sábados às 21h: aulas de tango e depois milonga.

COMPRAS

Feria de Arte (**F** C2)
→ *Plaza Cortázar*
Sáb-dom 12h-20h
Todos os fins de semana, 40 artistas escolhidos cuidadosamente expõem seus trabalhos na Plaza Cortázar, que é invadida pela multidão: colagens, pinturas, fotografias.

Calma Chicha (**F** C2)
→ *Honduras, 4925*
Tel 48 31 18 18
Seg-sáb 10h-20h, dom 14h-20h
Nesta loja se encontra toda a criatividade dos designers locais: couros coloridos, bolsas originais, acessórios. Menção especial para os tapetinhos de pele de vaca tingidos de azul ou verde fluorescente.

La Merceria (**F** D2)
→ *Honduras, 4795*
Tel 48 31 85 58
Seg-sex 11h-20h, sáb 10h-21h, dom 13h-20h
Trata-se de um bazar sabiamente orquestrado, onde se misturam joias, xales, bolsas e muitos outros acessórios femininos de bom gosto.

Tienda Tres (**F** D2)
→ *Armenia, 1665*
Tel 48 31 41 93
Diariam 10h30-20h
Boa seleção de *prêt-à--porter* feminino, com destaque para as estilistas em ascensão Verónica Alfie e María Lombardi.

Mishka (**F** D2)
→ *El Salvador, 4673*
Seg-sáb 10h30-20h30
O arquiteto Marcelo Cantón entrou na moda tardiamente. Um golpe de mestre: seus sapatos femininos, diferentes e ao mesmo tempo clássicos, causam furor.

Objectos Encontrados (**F** C2)
→ *Thames, 1721*
Tel 154 998 65 17
Seg-sáb 12h-20h
Aqui são comercializadas obras de arte ingênuas, insólitas e poéticas, que são o fruto do encontro de objetos recuperados com o talento criativo de um grupo de artistas.

ASA DE JORGE LUIS BORGES

MUSEO XUL SOLAR

BARRANCAS DE BELGRANO

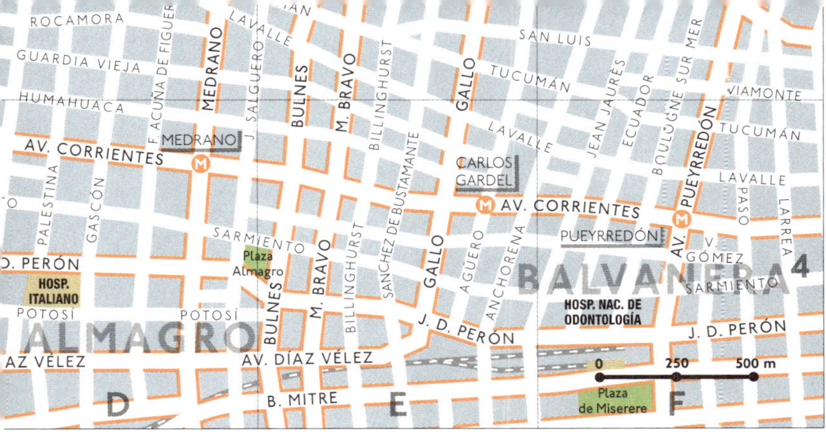

ARRIO CHINO

CEMENTERIO DE LA CHACARITA

e "Redonda" à sua rpreendente arquitetura rcular, coroada por uma nensa abóbada. Edificada n 1865-1878, seu exterior aciço esconde uma nave egante. Altar-mor espojado, presidido por na *Virgem* suave.

Museo de Arte spañol Enrique rreta (**F** A1)
Juramento, 2291
47 84 40 40 Qua-sex h-20h; sáb-dom 10h-13h, h-20h
na residência neocolonial 1886, onde viveu o escri- Enrique Larreta (1873-61), grande colecionador arte espanhola. Pátio com colunas e jardim perfumado lembram a Andaluzia. No interior, um acervo notável: retábulos e estátuas góticas em madeira policromada, obras importantes do Renascimento e do barroco espanhóis, mobiliário em madeiras nobres.

★ **Museo Casa de Yrurtia** (**F** A1)
→ *O'Higgins, 2390*
Tel 47 81 03 85 Ter-sex 13h-19h, dom 15h-19h
Aluno de Rodin em Paris, Rogelio Yrurtia (1879-1950) foi um dos maiores escultores argentinos. Criado pelo próprio artista em sua casa (sublime fachada neocolonial, esculpida por Yrurtia), este museu merece um desvio: obras originais, desenhos e, no fundo do jardim, uma obra-prima, a *Luta de Boxe*.

★ **Barrio Chino** (**F** A1)
→ *Rues Arribeños e Montañeses, entre Juramento e Blanco Encalada*
Nada de comparável às *Chinatowns* de Paris ou de São Francisco: o bairro chinês, ou melhor taiwanês, de Buenos Aires ocupa só algumas quadras, bordejadas de lojas e restaurantes descaracterizados.

★ **Cementerio de la Chacarita** (**F** A2)
→ *Guzmán, 680*
Diariam 7h-18h
Imenso labirinto alojado em uma área com cerca de 100 ha, nascido durante as epidemias dos anos 1870 – servido pelo funesto "bonde funerário" –, o cemitério recebia na época até 500 enterros por dia. Vários artistas argentinos famosos repousam aqui, notadamente Carlos Gardel, cuja estátua tem sempre um cigarro aceso na boca, costume mantido por visitantes argentinos. Mais adiante, um comovente panteão reúne os músicos de tango Annibal Troilo e Osvaldo Pugliese, o pintor de La Boca Quinquela Martín e a poetisa Alfonsina Storni.

ÔNIBUS AO LONGO DA AVENIDA CALLAO

viajantes que buscam tranquilidade e convívio; festeiros, abstenham-se. Treze quartos espartanos mas bem-cuidados, alguns compartilhados. A partir de AR$35/pes.

Telmo Tango (**B** B2)
→ *Chacabuco, 679*
Tel 43 61 58 08
www.hostelmotango.com
Em San Telmo, a meio caminho entre o albergue e a pensão, uma residência encantadora de 1880: vitrais e decoração em madeira Art Nouveau. São 30 quartos com ou sem banheiro, terraço. AR$80-110.

Che Lulu (**F** C2)
→ *Pje Emilio Zolá, 5185*
Tel 47 72 02 89
www.chelulu.com
Em um beco nostálgico de Palermo Viejo, este endereço mistura o charme de uma pousada ao conforto de um hotel. Possui oito quartos, alguns com banheiro e ar-condicionado. Teto-terraço. AR$100-240.

Gran Hotel Hispano (**A** B3)
→ *Av. de Mayo, 861*
Tel 43 45 20 20
Uma excelente surpresa, vizinho desde 1916 do Café Tortoni. Decoração que lembra o sul da Espanha: quartos com venezianas verdes em 3 andares, ao redor de um pátio luminoso. Boa relação custo-benefício. AR$150-180.

Bohemia Buenos Aires (**B** B3)
→*Perú, 845 Tel 41 15 25 61*
www.bohemiabuenosaires.com.ar
Em San Telmo, um hotel sem muito charme, mas novo em folha e tranquilo. São 14 quartos modernos, climatizados, com vidraças duplas. Boa recepção. AR$150-180.

Hotel Chile (**C** F3)
→*Av de Mayo, 1297*
Tel 43 83 78 77
Uma joia Art Nouveau de 1935, a dois passos do Congresso. Já teve dias melhores, mas seus 70 quartos, envelhecidos, continuam corretos pelo preço. AR$150-180.

AR$200-300

Cypress In (**F** C2)
→ *Costa Rica, 4828*
Tel 48 33 58 34
www.cypressin.com
A três quadras da Plaza Cortázar, este pequeno hotel de 13 quartos é um dos melhores endereços de Palermo Viejo nessa categoria. Os quartos são climatizados e têm decoração minimalista, com ou sem banheiro. Os mais calmos dão para o pátio. AR$170-230.

Art Hotel (**D** A3)
→ *Azcuénaga, 1268*
Tel 48 21 47 44
www.arthotel.com.ar
Uma surpresa divina este

Estação ferroviária

Estación Retiro (**D** E3)
→ *Ramos Mejía, 1302*
Tel 43 13 80 60
Ao norte da Plaza San Martín. Ponto de partida de trens de subúrbio (*trenes suburbanos*, companhia TBA) da linha Bartolomé Mitre, servindo San Isidro e Tigre. Não há ligação ferroviária com outras cidades do país.

Táxis

Identificáveis pela cor amarela e preta, e pelo sinal luminoso vermelho instalado atrás do para-brisa (aceso, o carro está livre), são numerosos (mais de 30 mil) e baratos. É melhor parar os "rádio-táxis" (número de telefone pintado na carroceria) ou pedir no hotel ou restaurante.
→ *Bandeirada AR$2,60 mais AR$0,26/200 m Tarifas aproximadas do Microcentro: até Palermo Viejo AR$15-20; até Plaza Dorrego AR$8-10*

"Remises"

São táxis particulares (sem cor especial nem taxímetro), que só funcionam por encomenda (por telefone), segundo tarifas fixadas no momento da reserva. Exceto em distâncias muito curtas, não são mais caros que os táxis, e muito seguros.

Aeropuerto Ezeiza

→ *Tel 54 80 61 11*
Aeroporto internacional, 35 km a sudoeste de Buenos Aires.
Conexões com o centro da cidade
Traslados Tienda León
→ *Tel 54 80 61 11*
www.tiendaleon.com
Parada diante do Terminal A Saídas a cada 30min
Preço: AR$32.
De ônibus, pela linha 86
→ *Parada em frente ao prédio de escritórios perto do estacionamento*
Preço: AR$1,35.
De táxi ou "remís"
→ *Várias agências no local*
Preço: cerca de AR$60.

AEROPORTOS

Aeroparque Jorge Newbery

→ *Tel 45 14 15 15*
Voos internos pelas Aerolíneas Argentinas. Perto do centro, à beira de Palermo.
Conexões com o cent
De táxi ou "remís"
→ *Preço: AR$10-20.*

Estação Rodoviária

Terminal de Ônibus de Retiro (**D** E2)
→ *Antártida Argentina, esquina com Calle 10*
Tel 43 10 07 00 Acessível de ônibus ou táxi
Conexões diárias com as principais cidades.

Os preços a seguir são para um quarto duplo com banheiro e café-da-manhã incluído – as exceções estão indicadas. Estes incluem taxas (IVA, 21%). Reserva indispensável o ano todo, sobretudo em set-dez. Para os albergues da juventude, são indicadas ao mesmo tempo as tarifas dos dormitórios e dos quartos duplos. San Telmo reúne a maioria dos albergues da juventude e hotéis de preços acessíveis, Recoleta e Retiro têm os hotéis de luxo e outros palácios, Palermo Viejo os endereços jovens e modernos, muitas vezes caros.

Albergues da Juventude

Recoleta Hostel (**D** C3)
→ *Libertad, 1216*
Tel 48 12 44 19
www.hirecoleta.com.ar
Albergue simpático e luminoso, em um antigo imóvel da Recoleta. Bom atendimento. Tem 53 camas em dormitórios de 4 ou 12 camas e em quartos duplos, com ou sem banheiro. Dormitório AR$22-30, duplo AR$70-100.

Casa Esmeralda (**F** B1)
→ *Honduras, 5765*
Tel 47 72 24 46
www.casaesmeralda.com.ar
Em Palermo Hollywood, um albergue tranquilo com 22 camas. Dois dormitórios (homens e mulheres separados) e 4 quartos, com ou sem banheiro. Pátio decorado por artistas de rua. Dormitório AR$25-30, duplo AR$75-100.

Hostel Inn Tango City (**B** A2)
→ *Piedras, 680*
Tel 43 00 57 64
www.hostel-inn.com
Um grande albergue com ambiente jovem e festivo, em pleno San Telmo. Dormitórios de 6 a 8 camas, quartos com ou sem banheiro. Jantar gratuito durante a semana. Dormitório AR$25-30, duplo AR$90-100.

Ayres Porteño (**B** B2)
→ *Perú, 708 Tel 43 00 73 14*
www.ayresportenos.com.ar
Aberto em San Telmo no final de 2006, este albergue presta homenagem à cultura portenha: estátuas de celebridades, chapas de amianto pintadas à moda da Boca, afrescos e toques de *fileteado*. Dispõe de 104 camas em dormitórios e quartos, banheiros comuns. Dormitório AR$30, duplo AR$100.

Ostinatto Hostel (**B** B2)
→ *Chile, 680 Tel 43 62 96 39*
www.ostinatto.com
Ultra-original, este albergue de 80 camas ocupa um imóvel de 1920, reformado em estilo futurista: escadas vencendo o vazio, móveis de design. Dormitórios e quartos simples mas corretos. Vista maravilhosa de San Telmo da cobertu-terraço. Dormitório AR$ duplo AR$85-100.

Antico (**B** B3)
→ *Bolívar, 893*
Tel 43 63 00 35
www.anticohostel.com
Um albergue, mas de lux Locais maravilhosos ao redor do encantador pát sob vitrais de uma residência aristocrática. Os dormitórios e quarto são simples porém elega tes, com ar-condicionad Não há cozinha. Dormit AR$50, duplo AR$160-2

Menos de AR$2

Casa Jardín (**F** D2)
→ *Charcas, 4422*
Tel 47 74 87 83
www.casajardinba.com.a
Trata-se de uma adoráv pensão de família em Palermo Viejo, com vitra Art Nouveau, corredores luminosos, terraço na cobertura. Ideal para os

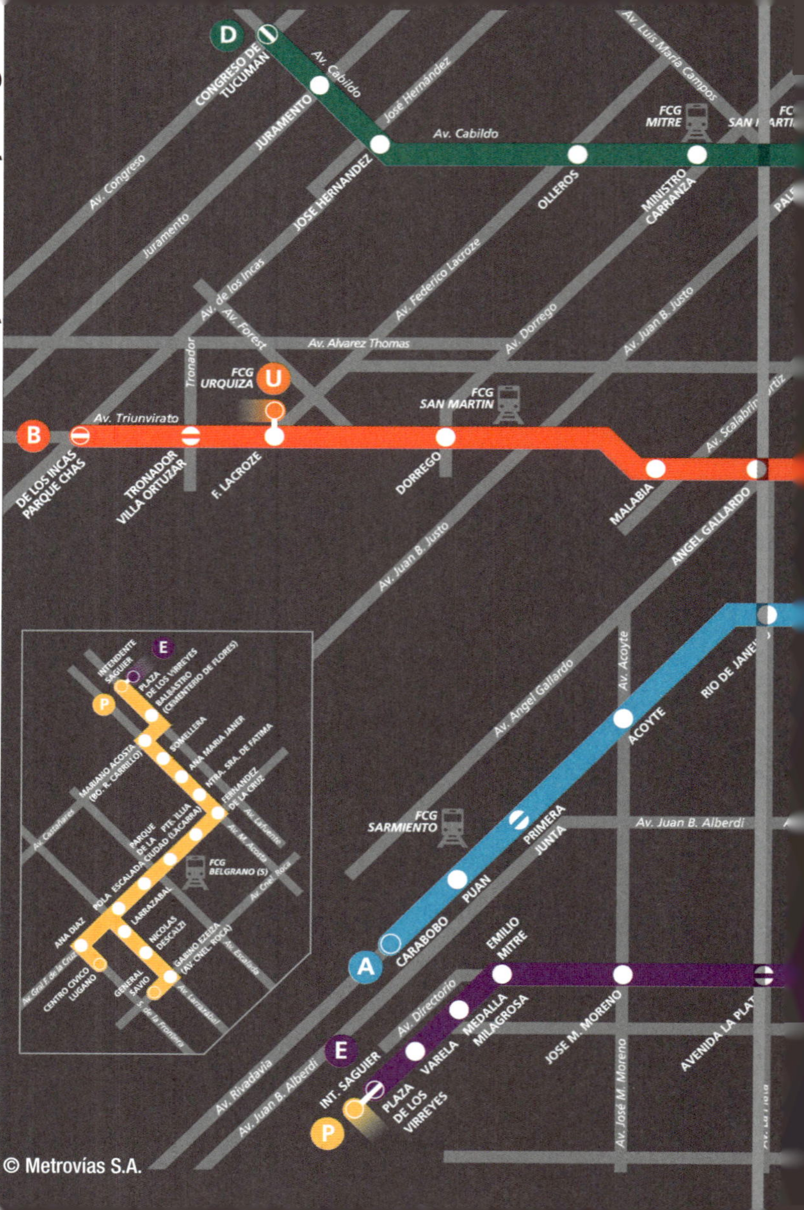
D
CONGRESO DE TUCUMAN
JURAMENTO
Av. Cabildo
José Hernández
JOSE HERNANDEZ
Av. Cabildo
OLLEROS
MINISTRO CARRANZA
FCG MITRE
Av. Luis María Campos
Av. Congreso
Juramento
Av. de los Incas
Av. Forest
Av. Federico Lacroze
Av. Dorrego
Av. Juan B. Justo
Av. Alvarez Thomas
Tronador
FCG URQUIZA
U
FCG SAN MARTIN
B
Av. Triunvirato
DE LOS INCAS PARQUE CHAS
TRONADOR VILLA ORTUZAR
F. LACROZE
DORREGO
MALABIA
Av. Scalabrini Ortiz
ANGEL GALLARDO
Av. Juan B. Justo
Av. Angel Gallardo
Av. Acoyte
ACOYTE
FCG SARMIENTO
PRIMERA JUNTA
Av. Juan B. Alberdi
PUAN
CARABOBO
A
EMILIO MITRE
JOSE M. MORENO
MEDALLA MILAGROSA
Av. Directorio
VARELA
E
INT. SAGUIER
PLAZA DE LOS VIRREYES
P
Av. Rivadavia
Av. Juan B. Alberdi
Av. José M. Moreno
INTENDENTE SAGUIER
E
PLAZA DE LOS VIRREYES
BALBASTRO (CEMENTERIO DE FLORES)
SOMELLERA
MARIANO ACOSTA (BO. R. CARRILLO)
ANA MARIA JANER
NTRA. SRA. DE FATIMA
FERNANDEZ DE LA CRUZ
PARQUE DE LA CIUDAD
PTE. ILLIA (LACARRA)
Av. Castañares
Av. Lafuente
Av. M. Acosta
ESCALADA
FCG BELGRANO (S)
Av. Cnel. Roca
POLA
LARRAZABAL
ANA DIAZ
NICOLAS DESCALZI
GABINO EZEIZA (AV. CNEL. ROCA)
Av. Escalada
Av. Gral F. de la Cruz
CENTRO CIVICO LUGANO
GENERAL SAVIO
Av. Larrazabal
S. de la Frontera

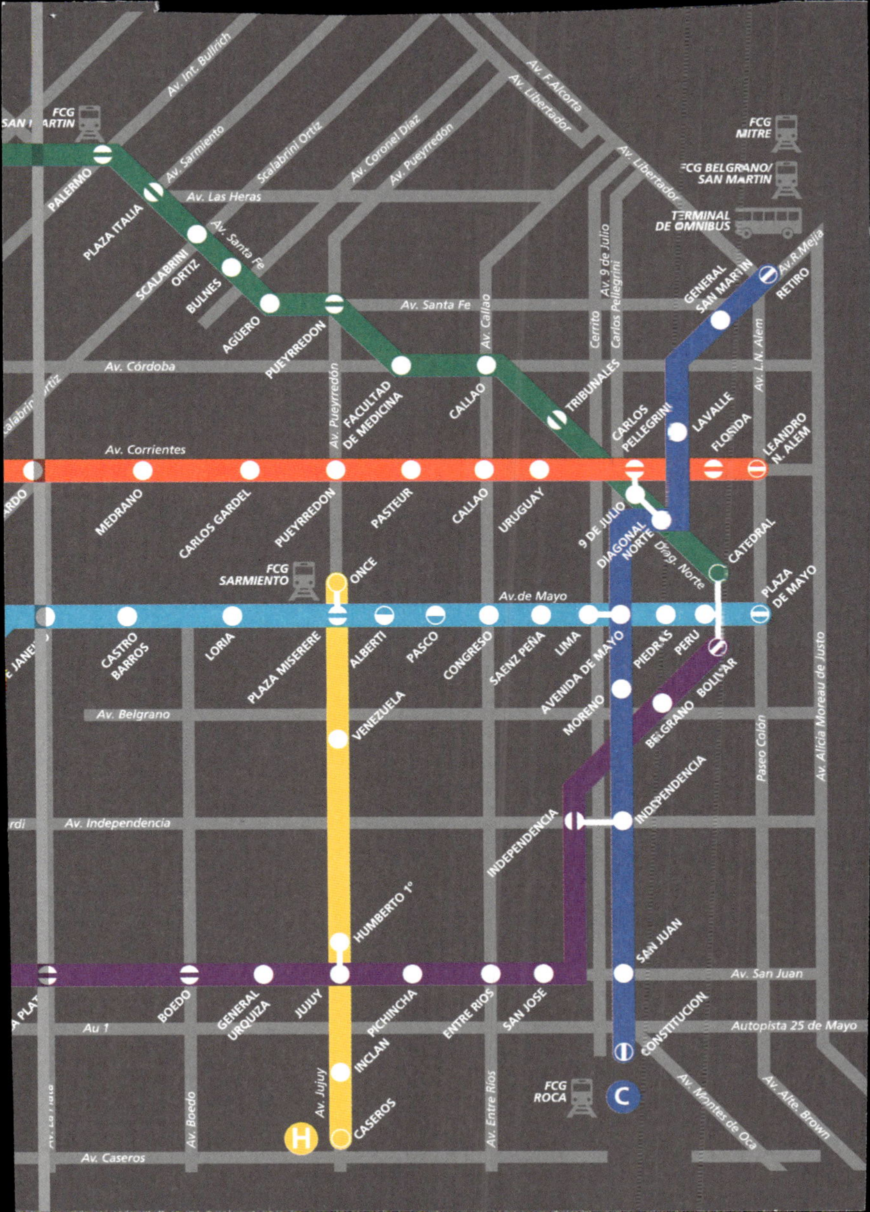

FCG SAN MARTIN
FCG MITRE
FCG BELGRANO/ SAN MARTIN
TERMINAL DE OMNIBUS
FCG SARMIENTO
FCG ROCA
Av. Int. Bullrich
Av. Sarmiento
Scalabrini Ortiz
Av. Coronel Díaz
Av. Pueyrredón
Av. F. Alcorta
Av. Libertador
Av. Las Heras
Av. Santa Fe
Av. Callao
Av. 9 de Julio
Carlos Pellegrini
Cerrito
Av. R. Mejía
Av. L.N. Alem
Av. Córdoba
Av. Corrientes
Av. de Mayo
Diag. Norte
Av. Belgrano
Av. Independencia
Av. San Juan
Au 1
Autopista 25 de Mayo
Av. Jujuy
Av. Boedo
Av. Entre Ríos
Av. Montes de Oca
Av. Alte. Brown
Av. Caseros
Paseo Colón
Av. Alicia Moreau de Justo
PALERMO
PLAZA ITALIA
SCALABRINI ORTIZ
BULNES
AGÜERO
PUEYRREDON
FACULTAD DE MEDICINA
CALLAO
TRIBUNALES
CARLOS PELLEGRINI
LAVALLE
FLORIDA
LEANDRO N. ALEM
GENERAL SAN MARTIN
RETIRO
MEDRANO
CARLOS GARDEL
PUEYRREDON
PASTEUR
CALLAO
URUGUAY
9 DE JULIO
DIAGONAL NORTE
CATEDRAL
ONCE
CASTRO BARROS
LORIA
PLAZA MISERERE
ALBERTI
PASCO
CONGRESO
SAENZ PEÑA
LIMA
AVENIDA DE MAYO
PIEDRAS
PERU
PLAZA DE MAYO
BOLIVAR
MORENO
BELGRANO
VENEZUELA
INDEPENDENCIA
INDEPENDENCIA
HUMBERTO 1°
SAN JUAN
BOEDO
GENERAL URQUIZA
JUJUY
PICHINCHA
ENTRE RIOS
SAN JOSE
CONSTITUCION
INCLAN
CASEROS
H
C

"TREN SUBURBANO"

ESTAÇÃO DE METRÔ

TÁXIS NA AVENIDA 9 DE JULIO

Mansión Dandi Royal (**B** B3)
→ *Piedras, 922-936*
Tel 43 07 76 23
www.mansiondandiroyal.com
Um endereço único em seu gênero, em uma das mais belas residências de San Telmo. A decoração mistura ecletismo e Art Nouveau; afrescos comemoram o tango. Aulas e shows de tango diariamente. AR$440-900.

Malabia House (**F** D2)
→ *Malabia, 1555*
Tel 48 32 33 45
www.malabiahouse.com.ar
Bem perto da Plaza Cortázar, em uma velha casa típica de Palermo Viejo. São 15 quartos encantadores, climatizados. Os hóspedes se sentem em casa. AR$420-600.

NH Jousten (**A** C2)
→ *Corrientes, 280*
Tel 43 21 67 50
www.nh-hotels.com
Quatro-estrelas luxuoso, situado em um edifício esplêndido de 1928. É um dos endereços mais badalados do Microcentro. Quartos maravilhosos, cuja decoração eclética vai do zen japonês à madeira nórdica. Restaurante famoso. AR$600.

Palácios

Hotel Sofitel (**D** D3)
→ *Arroyo, 841-849*
Tel 41 31 00 00
www.sofitelbuenosaires.com.ar
Na Torre Bencich (1929), espetacular obra-prima Art Déco. São 144 quartos irretocáveis, de grande luxo. AR$1.200-1.500.

Park Hyatt (**D** C3)
→ *Alvear 1661 Tel 51 71 12 34*
www.buenosaires.park.hyatt.com
Um palácio extremamente luxuoso, instalado em uma das mansões mais vistosas da Recoleta, o Palacio Duhau. A partir de US$400.

Faena Hotel (**A** E4)
→ *Martha Salotti, 445*
Tel 40 10 90 00
www.faenahotelanduniverse.com
Este é um dos hotéis mais badalados do mundo, vasto armazém revisitado por Philippe Starck, em homenagem à Belle Époque. Quartos e suítes de dimensões enormes, refeitório totalmente branco, piscina de sonho... A partir de US$425.

Alvear Palace Hotel (**D** C2)
→ *Alvear 1891*
Tel 48 08 21 00
www.alvearpalace.com
O melhor de Buenos Aires, inaugurado em 1932. Localizado no bairro de La Recoleta, tem uma elegância de outrora e uma qualidade de serviço legendária, que lhe rendeu fama mundial. US$ 650-6.000.

Transporte público

Metrô ("Subte")
→*Tel 45 55 16 16*
www.subte.com.ar
Seg-sex 6h-22h, sáb-dom 8h-22h
A rede de Subte de Metrovias, com seis linhas, continua incompleta – apesar de seus 46 km e 80 estações. Mas é um meio de transporte rápido e econômico, muito útil para ligar o centro (Retiro ou Plaza de Mayo) aos bairros periféricos: Abasto, Palermo, Belgrano.
Bilhete
À venda no guichê das estações. Preço unitário: AR$0,70; cupom válido para 10 viagens (*tarjeta de diez*): AR$7.

Ônibus ("colectivos")
É o principal meio de transporte público; dispõe de 180 linhas, que geralmente circulam dia e noite. Depois da meia-noite a frequência diminui. Em cada linha há um ponto a cada duas ruas, indicado (nem sempre) por um poste onde se veem os números das linhas. Sempre fazer sinal ao motorista, sob pena de ficar na calçada. Plano detalhado da rede, *La Guía T*, vendido nas bancas de jornais.
Pagamento
Não aceita cédulas; pagamento em uma máquina instalada perto do motorista, com moedas (não fornece troco). Trajeto: AR$0,80-1,30.

AS ESTAÇÕES RODOVIÁRIA, FERROVIÁRIA E MARÍTIMAS

Barcos para o Uruguai

Do terminal de Puerto Madero, várias companhias servem o Uruguai, do outro lado do Río de la Plata (Montevidéu, Colonia del Sacramento...).

Buquebus (**A** D1)
→ *Antártida Argentina, 821 Tel 43 16 65 00 www.buquebus.com*

Ferrylineas (**A** E1)
→ *Puerto Viamonte, s/n Tel 43 14 45 30*

Colonia Express (**D** F1)
→ *Av. Córdoba, 753 (guichês) Tel 43 13 51 00*
Catamarã expresso para Colonia del Sacramento (50 min de trajeto).

pequeno hotel de 36 quartos, em um canto tranquilo da Recoleta, que homenageia os artistas locais, cujas obras estão expostas nas paredes – a maioria à venda. Os quartos, decorados com gosto, são muito charmosos. Excelente recepção. AR$210-500.

Hotel Facón Grande (**A** C2)
→ *Reconquista, 645-649*
Tel 43 12 63 60
www.hotelfacongrande.com
Localizado perto da Plaza de Mayo. A decoração lembra o mundo dos gaúchos (tecidos, móveis rústicos); quartos clássicos mas climatizados: um bom endereço. AR$220.

La Otra Orilla (**F** D2)
→ *Julián Álvarez, 1779*
Tel 48 67 40 70
www.otraorilla.com.ar
Residência aristocrática próxima de Palermo Viejo: tetos altíssimos, assoalhos antigos, enorme pátio. São 7 quartos, a maioria com banheiro. AR$220-340.

Waldorf Hotel (**A** C1)
→ *Paraguay, 450*
Tel 43 12 20 71
www.waldorf-hotel.com.ar
Três-estrelas correto, de preços razoáveis para o Microcentro. Possui 120 quartos previsíveis, porém modernos e climatizados, a maioria com banheira. AR$260.

Casa Bloody Mary (**E** A2)
→ *Pje Volta, 1867*
Tel 47 77 71 06
www.casabloodymary.com
Uma pousada encantadora, situada em Las Cañitas. Esta residência em estilo inglês foi reformada com capricho: tem 5 quartos simpáticos, climatizados, um deles com balcão. Boa recepção. AR$270-320.

Posada Palermo (**F** E2)
→ *Salguero, 1655*
Tel 48 26 87 92
www.posadapalermo.com
Às bordas de Palermo Viejo, 4 quartos perfeitamente equipados (banheira, TV, ar-condicionado, cofre) em uma casa de pedra lindamente restaurada pela arquiteta Viviana. Boa recepção. AR$280-340.

Mais de AR$300

Onze (**F** F2)
→ *Ecuador, 1644*
Tel 48 21 28 73
www.onzetrendyhotel.com
Inaugurado em 2007, este pequeno hotel de 11 quartos destoa na Recoleta, entre descontração boêmia, feng shui e minimalismo pós-moderno. AR$300-600.

Castelar Hotel (**C** F3)
→ *Av de Mayo, 1152*
Tel 43 83 50 00
www.castelarhotel.com.ar
Instalado desde 1929 na Avenida de Mayo, a quatro quadras do Congresso, este quatro-estrelas já foi um palácio. O lugar envelheceu, mas não perdeu seu encanto. Possui 130 quartos muito corretos – e a diária inclui acesso à sauna e ao jardim zen. AR$330.

Home Hotel (**F** B1)
→ *Honduras, 5860*
Tel 47 78 10 08
www.homebuenosaires.com
O endereço na moda de Palermo Hollywood: 17 quartos na tendência anos 70, piscina no jardim, bar muito badalado, acesso ao spa incluído. AR$360-460.

Bobo Hotel (**F** D2)
→ *Guatemala, 4882*
Tel 47 74 05 05
www.bobohotel.com
Ultramoderno, original mas intransigente no serviço, o Bobo vai encantar os viajantes "boêmios burgueses". Seus quartos são elegantes e perfeitamente equipados. Restaurante muito cotado. AR$360-500.

Os nomes de ruas, monumentos e atrações estão classificados por ordem alfabética. As letras em negrito (**A, B, C**...) indicam o bairro e o mapa correspondente.

Ruas

3 de Febrero **F** A1
9 de Julio **A** A1-A4, **B** A1-A6, **C** F1-F4
25 de Mayo **A** C1-C2
25 de Mayo (autopista 1) **B** A4-C4, **C** E4-F4
Acevedo **F** C3
Acuña de Figueroa, Francisco **C** A1, **F** D3-D4
Agüero **C** B1-B2, **D** A2, **F** E4-F2
Alberti **C** C3-C4
Alem, Leandro N. **A** C1-C2, **D** E4-F4
Alemania (plaza) **E** E4, **F** F1
Almagro (plaza) **C** A2, **F** D4-E4
Alsina, Adolfo **A** A4-C4, **B** B1, **C** B3-F3
Alsina, Valentín **E** A1-D2
Alvarez, Julián **F** C3-E2
Alvear (plaza) **D** B2
Alvear **D** C2-D3
Alvear, Marcelo T. de **A** A1-C1, **C** C1-F1, **D** A4-E4
Amenábar **F** B1
Anchorena, Tomás M. de **C** B2-C1, **F** E4-F2
Antártida Argentina **A** C1-D1, **D** E1-F4
Arce **E** A2-B3
Arcos **F** A1
Arenal, Concepción **E** A3, **F** A3-B1
Arenales **C** E1-F1, **D** A3-E3, **F** F2
Arévalo **E** A4-B3, **F** B1
Arguibel **E** B3
Armenia **F** D2
Arribeños **F** A1
Arroyo **D** D3
Ayacucho **C** D1-D2, **D** B3-B4
Azcuénaga **C** D1-D2, **D** A4-B2
Báez **E** A2-B3
Balcarce **A** C4, **B** C1-C3
Belgrano **A** A4-C4, **B** A1-C1, **C** A3-F3
Belgrano (plaza) **F** A1
Berro, Adolfo **E** E3
Beruti **E** C4, **F** D1-E2
Billinghurst **C** A2-B1, **F** E4-F2
Blanco Encalada **F** A1
Blanes **B** D5
Boedo **C** A4
Bolívar **A** C4, **B** B2-C5
Bonpland **E** A4-B4, **F** C1
Borges, Jorge L. **E** C4, **F** D1-D2
Brown, Almte. **B** C5-D6
Bulnes **C** A1-A2, **E** F4, **F** E4-F1
Cabello **E** E4, **F** F1
Cabildo **E** A3-B4, **F** C1
Cabrera, José A. **C** A1-B1, **F** B2-F3
Caffarena **B** D5
Cafferata, Francisco **B** D6
Callao **C** E1-E2, **D** B4-C2
Calvo, Carlos **B** A3-C3, **C** B4-F4
Campaña del Desierto (plaza) **F** D2
Campos, Luis M. **E** A2-A3
Carranza, Ángel J. **E** A4, **F** B2-C1
Caseros **B** A5-C5
Cerrito **A** A3, **C** F2, **D** D3
Chacabuco **A** B4, **B** B1-B4
Charcas **E** B4, **F** C1-F3
Chenaut, Indalicio, Grl. **E** A3-B2
Chile (plaza) **D** A1
Chile **B** A2-C2, **C** D4-F4
Congreso (plaza del) **C** E3
Constitución (plaza) **B** A4
Córdoba **A** A1-C1,**C** A1-F1, **D** A4-F4, **F** B2-F3
Correo (plaza del) **A** C3
Corrientes **A** A2-C2, **C** A2-F2, **F** A2-F4
Cortázar (plaza) **F** C2
Costa Rica **E** A4, **F** B1-D2
Costanera C. M. Noel **A** E2-F4
Costanera R. Obligado **E** E1-F2
Deán Funes **C** C4
Defensa **A** C4, **B** B1-C6
Díaz Vélez **C** A2, **F** B4-E4
Don Bosco **C** A3
Dorrego **E** B3-C2, **F** A3-B1
Dorrego (plaza) **B** B2-C2
Echeverría **F** A1-B1
Ecuador **C** B2-C1, **F** F3-F4
El Salvador **E** A4, **F** B1-E3
Entre Ríos **C** E3-E4
Esmeralda **A** B1-B3, **D** D3-E4
Estados Unidos **B** A3-C3, **C** A4-F4
Fernández, J. M. **D** A1
Figueroa, A. de **F** A4-B4
Figueroa Alcorta, Pte. **D** A1-B2, **E** B1-F4, **F** F1
Florida **A** B1-B3, **D** E4
Francia (plaza) **D** B2
Fuerza Aérea Argentina (plaza) **D** E3
Garay, Juan de **B** A4-D4
Godoy Cruz **E** B4-C3, **F** C2-D1
Gómez, V. **C** A2-C2, **F** F4
Gorriti **C** A1, **F** B2-E3
Guardia Vieja **C** A1-B2, **F** D3
Guatemala **E** A3-B4, **F** C1-D2
Güemes (plaza) **F** E2
Güemes **E** C4, **F** D1-F3
Güemes, Macacha **A** E3
Guevara **F** A2
Gurruchaga **F** B3-D1
Gutiérrez, Juan M. **D** A2, **E** D4, **F** E1
Guzmán **F** A2
Hernandarias **B** C5
Humahuaca **C** A2-B2, **F** D3-D4
Humberto 1º **B** A3-C3, **C** B4-F4
Humboldt **E** A4-B4, **F** A3-C1
Independencia **B** A2-C2, **C** A4-F4
Infanta Isabel **E** D2-D3
Irigoyen, Bernardo de **A** A4, **B** A1-A3, **C** F3-F4
Isabel La Católica **B** 36
Italia (plaza) **E** C4, **F** D1
Ituzaingó **B** B5-B6
Jaurès, Jean **C** B2-C1, **F** F3-F4
Jovellanos, Gaspar M. de **B** B6
Juncal **D** A3-E3, **F** E2-F2
Junín **C** D1-D2, **D** A4-B3
Juramento **F** A1
Justo, Juan B. **E** B4, **F** A3-C2
Lafinur **E** D4, **F** E1
Laprida **D** A2-A3, **F** F2
Las Heras, Grl. **D** A2-B3, **E** D4-E4, **F** E1
Lavalle **A** A2-D2, **C** A1-F2, **F** D3-F4
Lavalle (plaza) **C** F1, **D** C4
Libertad **A** A1-A3, **C** F1-F2, **D** D2-D4
Libertad (plaza) **A** A1, **C** F1, **D** D4
Libertador **D** A1-E3, **E** A1-F4, **F** B1, F1
López, Vincente **D** B2-C3
López, Vincente (plaza) **D** C3
Los Inmigrantes **D** F2
Los Italianos **A** E2-E4
Lugones, L. **E** C1-E2
Machado **F** B4
Madero, Eduardo **D** F3-F4
Magallanes **B** C6
Maipú **A** B1-B3, **D** E3-E4
Malabia **F** C3-E1
Malvinas, Is. (plaza) **B** D4
Mansilla, Lucio N. **C** B1-C1, **F** E2-F3
Maure **E** A2, **F** A2
Mayo **A** A3-C3, **C** F3
Mayo (plaza de) **A** C3
Medrano **C** A1, **F** D3
Migueletes **E** A2-B2, **F** B1
Miserere (plaza) **C** B3-C3, **F** F4
Misiones **C** C3
Mitre (plaza) **D** A2-B2
Mitre, Bartolomé **A** A3-B3, **C** A3-F2, **F** E4-F4
Montañeses **F** A1-B1
Montevideo **C** E1-E2, **D** C4-D2
Moreau de Justo, Alicia **A** D2-D4, **B** D1-D3
Moreno **A** A4-D4, **B** A1-C1, **C** A3-F3
Mujer (puente de la) **A** D3
Muñecas **F** A3
Murillo **F** B3
Naciones Unidas (plaza) **D** B1
Necochea **B** C5-D6
Newbery, Jorge **E** A2
Nicaragua **E** A4, **F** C1-C2
O'Higgins **F** A1
Olleros **F** A2
Ortega y Gasset, J. **E** A3-B2
Ortiz, R. **D** B2
Otero **F** A3
Paraguay **A** A1-C1, **C** D1-F1, **D** A4-F4, **E** A3-B4, **F** C1-E3
Paraná **C** E1-E2, **D** C4
Paseo Colón **A** D4, **B** C1-C4
Pasteur **C** D2
Pellegrini, Carlos **A** A1-A2, **C** F1-F2, **D** D3-D4
Pérez, José J. **C** A4
Pérez Galdós, Benito **B** D5
Perón, Eva (plaza) **B** C2-C3
Perón, Juan D. **A** A3-D3, **C** A2-F2, **F** D4-F4
Perú **A** B4, **B** B1-B5
Perú (plaza) **E** F4, **F** F1
Piedras **A** B4, **B** A1-B5
Posadas **D** C2
Pringles **F** D3-D4
Pueyrredón **C** C1-C2, **D** A3-B2, **F** F3-F4
Pueyrredón, Honorio **F** A4
Quintana, Manuel **D** C3
Ramos Mejía **D** E3
Reconquista **A** C1-C2, **D** E4
Rep. de Eslovenia **E** A2-A3
Rep. de La India **E** D3-D4, **F** E1
Rincón **C** D3-D4
Riobamba **C** D1-D2, **D** B3-B4
Rivadavia **A** B3, **C** A3-F2
Rivarola **C** F2
Rodríguez, Manuel A. **F** A4
Rodríguez, Martín **B** D6
Rodríguez, Tristán A. **A** F4
Rodríguez Peña **C** E1-E2, **D** B4-C2
Rodriguez Peña (plaza) **C** E1, **D** B4
Rojas **F** A4
Roldan, Belisario **E** D2
Russel **F** C2
Saavedra **C** C3-C4
Sáenz, Manuela **A** E3
Sáenz Peña, Luis **C** E3-E4
Sáenz Peña, R. **A** A3-C2
Salguero, Jerónimo **C** A1-A2, **E** F3, **F** D4-E2
Salta **A** A4, **C** F3-F4
San José **C** F3-F4
San Juan **B** A3-C3, **C** D4-F4
San Luis **C** B1-C1, **F** E3-F3
San Martín **A** C1-C2, **D** E3-E4, **F** A4
San Martín (plaza) **A** B1, **D** E4
San Martín de Tours **E** F4, **F** F1
Sanchez de Bustamante **F** E4-F2
Santa Fe **A** A1-B1, **C** D1-F1, **D** A4-E4, **E** C4, **F** D1-F2
Sarandí **C** D3-D4
Sarmiento **A** A3-C2, **C** A2-F2, **E** D3-E2, **F** C4-F4
Scalabrini Ortíz, Raúl **E** E4, **F** C3-F1
Serrano **F** B3-C2